세밀화처럼 수놓는 꽃과 식물 자수

하란의
보태니컬 세밀화 자수

김은아 지음

프롤로그

중학교 때 오이, 가지, 토마토 등을 수놓아 앞치마를 만들었던 것이 저와 자수와의 첫 만남입니다. 어릴 적 좋은 기억은 마음속 한편에 간직되었다가 어느 날 꽃피우게 되는가 봅니다. 그때의 즐거웠던 기억이 오늘날 수놓는 저를 만들었습니다.

꽃을 수놓을수록 꽃이 더 좋아집니다. 꽃 피는 봄이 오면 어떤 꽃을 수놓을까 마음이 들뜨고 설렙니다. 동네 산책길에 우연히 만나는 꽃들은 저에게 더없는 기쁨을 줍니다. 지난해 만났던 꽃을 다음 해에도 똑같은 자리에서 다시 만났을 때 뭐라고 표현하기 어려운 기분이 들어요. 어쩜 그 자리에 또다시 피어나는지, 혹독한 겨울을 보내고 다시 와준 꽃이 반갑고 귀하게 느껴집니다. 반가움에 꽃을 수놓게 되고, 꽃이 지면 꽃을 기다리며 또 꽃을 수놓습니다. 그러다 보니 사계절 내내 손끝으로 꽃을 피웁니다. 시간이 흘러 꽃은 시들지라도 자수는 언제나 그날의 향기를 가지고 곁에 남아 있어요. 내 손으로 뭔가를 만들어 내는 건 특별한 만족감과 행복을 주지요. 그것이 예쁜 꽃이어서 더 그렇습니다.

어느 날 제 짝이 이렇게 물은 적이 있습니다.
"그거 그렇게 수놓아서 어디에 쓰는 거야?"
"어디에 쓰려고 수놓는 거 아닌데…."
아무래도 자수라고 하면 수 자체보다 생활자수로서의 개념이 아직은 더 강한 것 같아요. 이 책의 도안은 소품으로 만들기엔 시간과 노력이 많이 드는 편입니다. 저는 소품에 멋과 가치를 더하기 위해 수를 놓는다기보다 그저 수놓는 게 좋고 수놓는 시간이 좋아 수놓습니다. 색연필이나 수채물감 대신 바늘과 실로 그리는 보태니컬 아트라고 생각하면 쉽게 이해되실 거예요.

한 올로 시간과 정성을 많이 들여 꽃을 피우는 것은 처음 수를 접하는 분들에게 조금 어렵다고 느껴질 수도 있습니다. 단순한 도안부터 차근차근 시작해보세요. 취미의 목적은 본래 '즐기기 위한 것임'을 되뇌이며, 조금 엉성하더라도 수놓은 결과물보다는 수놓는 시간 자체를 즐겨보세요.

수놓는 사람에 따라 누구는 대담하게, 누구는 소박하고 자연스럽게, 누구는 섬세하게 수를 놓기도 합니다. 저마다의 느낌과 아름다움이 있어요. 그러니 너무 똑같이 수놓으려고 애쓰지 마세요. 편안한 마음으로 자신의 느낌대로 수놓아주세요. 반복해서 수를 놓다 보면 어느새 본인만의 색과 느낌을 갖게 될 거예요. 나만의 느낌을 갖는다는 것은 나를 특별하게 만드는 일이기도 합니다.

살다보면 크고 작은 문제들로 생각이 엉키고 마음이 꼬일 때가 있어요. 복잡한 생각을 잠시 접고 한 땀 한 땀 수놓는 일에 집중해 보세요. 엉킨 생각과 마음의 실타래가 조금씩 풀리고 평온해지는 것을 느낄 수 있을 거예요. 수를 놓으며 마음의 결도 다듬어보세요. 일상의 한 부분을 나를 즐겁고 행복하게 하는 일로 채워보세요.

조금 쑥스럽지만 출판사의 요청으로 도안을 그리고 수놓는 제 작업실 이야기를 뒷부분에 적었어요. 제 이야기를 통해서 많은 분들이 자수에 흥미를 가지고, 수놓는 시간을 즐겁게 채워가셨으면 하는 바람입니다. 제 이야기를 시작으로 많은 분들의 수놓는 이야기를 들을 수 있었으면 좋겠습니다. 작게나마 자수의 즐거움을 알리는 책이 되기를 바랍니다.

한 권의 책이 되기까지 좋은 기회를 열어주신 한스미디어와 첫 만남부터 출간되기까지 따뜻함과 신뢰로 이끌어 주신 이나리 팀장님, 손혜인 편집자님을 비롯한 실용팀과 사진작가님, 이 모든 작업들을 세심하고 아름다운 손길로 한 권의 책에 담아주신 디자이너님 그리고 함께 이 책을 작업해주신 모든 분들께 깊은 감사를 드립니다. 끝으로 사랑하는 가족들 특히 저의 삶의 모델이 되어주시는 부모님과 든든한 지지자인 남편, 누구의 무엇이기보다 '나 자신으로 살기'를 응원해 주는 사랑스러운 딸 수빈이에게 사랑과 감사함을 전합니다.

2020년 3월
하란

프롤로그 005

프롤로그 002

1.
자수를 시작하기 전에

· 이 책의 사용법 010

· 도구와 재료 012

· 자수를 하기 전에 알아둘 것들

   선세탁하는 법 019

   도안을 옮기는 법 019

   수틀 사용법 020

   자동 실 끼우개로 실 끼우기 020

   시작을 위한 실매듭 짓기 021

   자수실 보빈에 감는 법 021

   시작과 마무리 짓기 022

· 수놓을 때 주의사항 023

· 수놓은 자수 보관하기 023

2.
기본 스티치

레이지데이지 스티치 026

롱 앤드 쇼트 스티치 026

불리온 스티치 026

불리온 데이지 스티치 027

새틴 스티치 027

스트레이트 스티치 027

시딩 스티치 028

스템 스티치 028

스템 스티치의 응용 029

오버캐스트 스티치 029

프렌치 노트 스티치 029

● 이 책에 사용된 자수실 번호

DMC 25번사

2	163	340	472	562	702	798	904	976	3346	3772	3819	3860
6	164	341	498	563	703	799	905	977	3347	3773	3820	3861
8	165	349	500	564	704	814	906	986	3348	3777	3821	3862
10	209	350	501	580	712	815	907	987	3362	3778	3822	3863
16	210	351	502	601	725	817	922	988	3363	3781	3829	3865
23	211	352	505	602	726	818	927	989	3364	3782	3831	3001
24	223	367	520	603	727	819	936	992	3607	3787	3832	(P.33은 368로, P.101은
25	304	368	522	604	728	822	937	3022	3608	3790	3833	989로 대체 가능)
26	307	369	523	605	742	838	938	3032	3609	3803	3835	3889
29	315	407	524	611	746	839	939	3041	3689	3804	3837	(445로 대체가능)
30	319	433	543	613	772	840	946	3045	3722	3805	3851	
32	320	444	550	640	779	841	951	3053	3726	3806	3852	
153	321	453	553	645	783	890	966	3072	3746	3807	3853	
155	333	469	554	646	791	895	972	3078	3747	3815	3857	
158	335	470	561	666	792	900	973	3345	3770	3816	3859	

DMC 복합사 92, 125

DMC 베리에이션사
4000
4045
4047
4066
4145
4200
4237
4250
4255

● 단종된 실 3881은 도안에 따라 대체 가능한
실 번호로 지정하였습니다.

3.

보태니컬 세밀화 자수

차나무꽃 032	수레국화 088	동의나물 150
설란 038	수레국화새싹 094	오렌지재스민 154
코스모스 042	금강초롱꽃 100	프리지어 158
씀바귀 046	낭아초 104	목련 162
벌개미취 050	크로커스 108	금낭화 166
벚꽃 054	사마귀풀 112	매화 170
바위떡풀 058	닭의장풀 118	자운영 176
물매화 062	해당화 122	꽃무릇 180
올리브 066	아이리스 128	개나리 184
유칼립투스 폴리안 070	무꽃 134	명자나무 190
몬스테라 074	솔나리 138	황매화 196
매화마름 080	동백꽃 142	
붉은토끼풀 084	작약 146	**나의 작업실 이야기** 202

1 자수를 시작하기 전에

이 책의 사용법

수놓는 순서와 방법에 있는 **S**는 스티치를 뜻합니다.
모든 도안은 100% 실물 크기의 도안입니다.

1. 실 번호표대로 필요한 자수실을 준비합니다.
2. 수놓는 순서에 따라 컬러 도안과 수놓은 사진을 비교해 가며 수놓습니다.

도안의 꽃은 경우에 따라 실제의 꽃술과는 다르게 느낌만을 내어 그린 도안이 있습니다. 이때 암술, 수술을 통칭하여 꽃술로 표기하였습니다.

괄호 안의 숫자는 사용한 실의 올 수입니다. 따로 표기하지 않은 곳은 모두 1올로 수놓습니다. 예시된 프렌치 노트 스티치의 경우, 감는 횟수를 괄호 안에 실의 올 수와 함께 표기하였습니다.

컬러 도안에 실 번호와 색상을 함께 표기하여 자수 도안의 색상을 이해하기 쉽습니다. 실 번호와 함께 표기한 색상은 실제 자수실의 색과 다를 수 있습니다. 전체적인 색감을 구분하기 위해 표시한 것임을 참고해주세요.

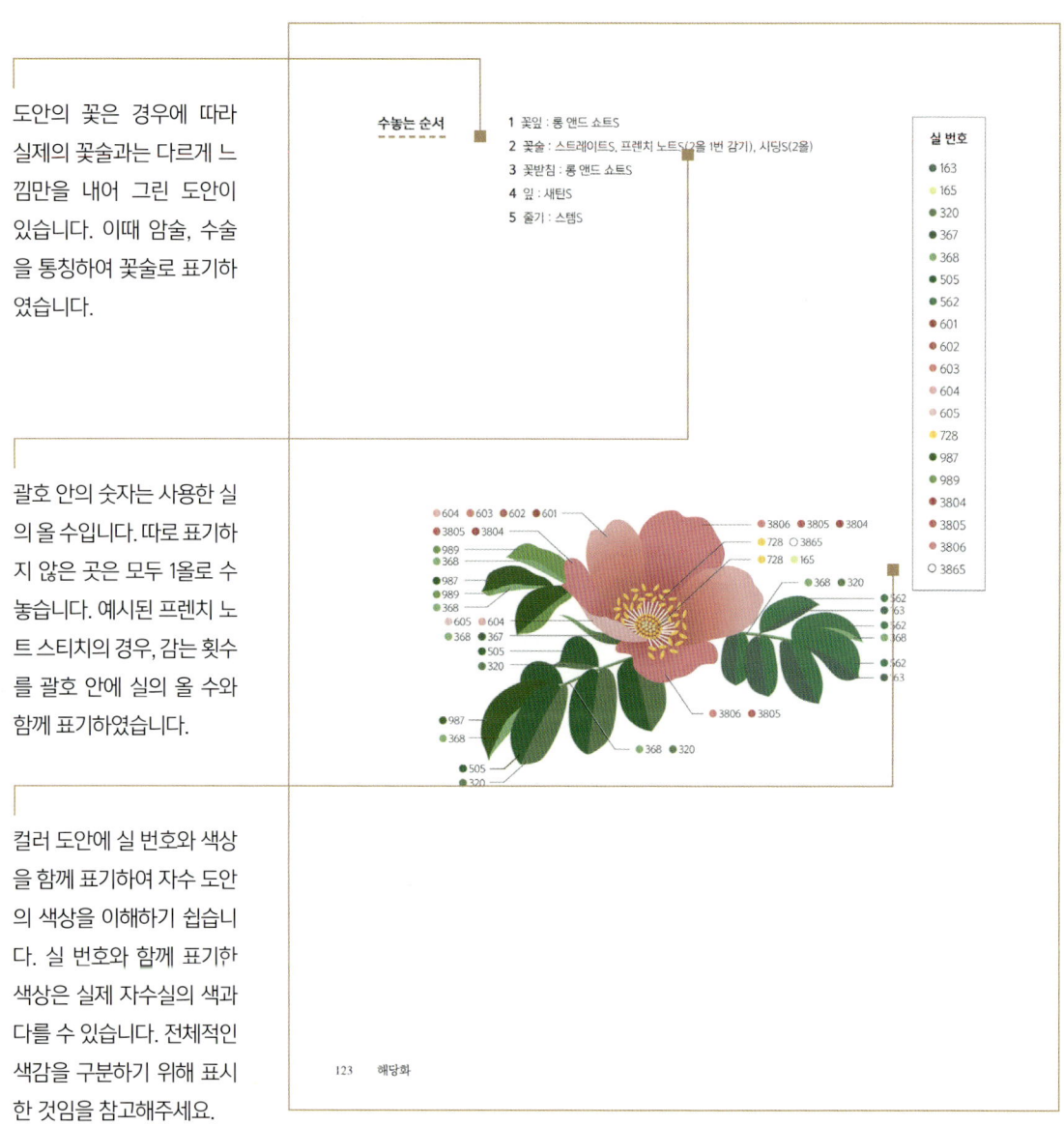

○DMC 25번사
일반적으로 사용하는 DMC 면사입니다.

△DMC 복합사
진하고 옅은 그러데이션이 들어간 실입니다.

☆DMC 베리에이션사
여러 가지 색이 함께 염색된 실로 4000번대의 면사가 여기에 해당됩니다.

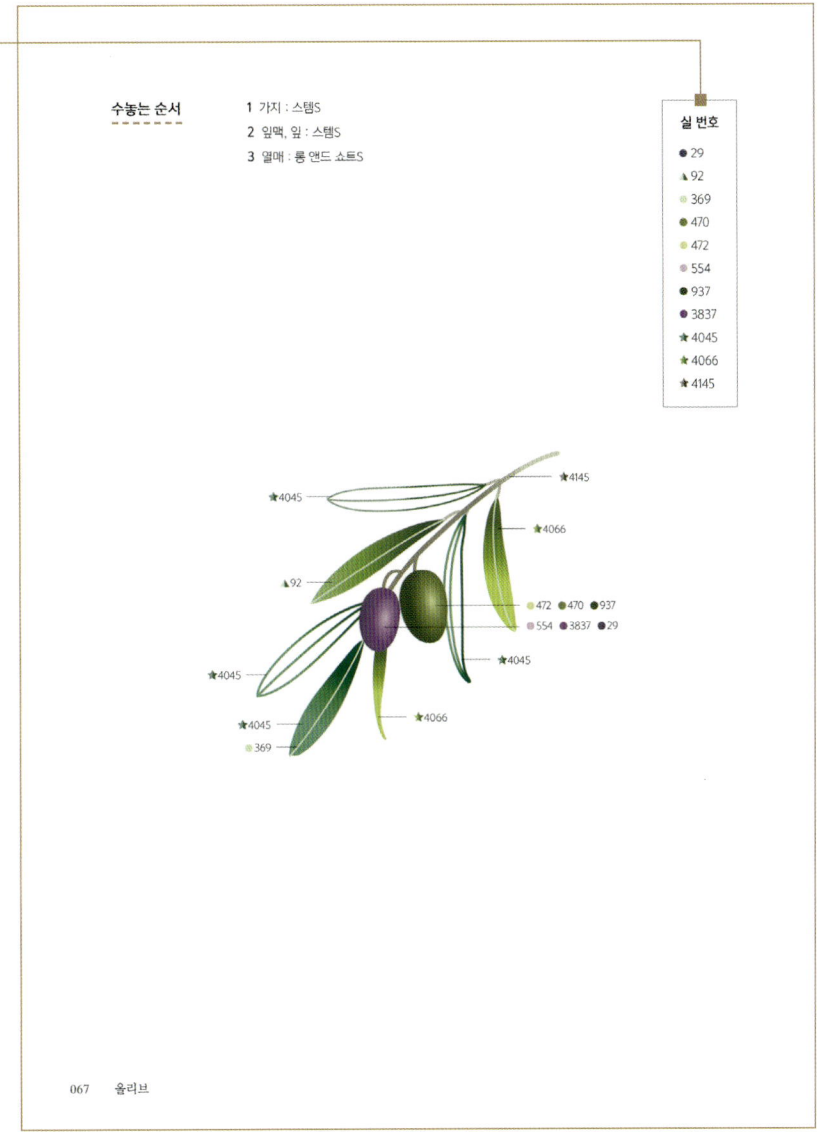

도구와 재료

제가 사용하는 도구와 재료를 소개합니다. 기본적으로 꼭 있어야 하는 도구와 재료는 '*'로 표시하였습니다. 그외의 도구는 수놓을 때 도움이 되지만 반드시 갖출 필요는 없습니다. 자신의 손에 맞는 도구를 찾아 사용하기 바랍니다.

*실

다양한 브랜드와 재질의 자수실이 있습니다. 이 책에서는 색이 다양하고 쉽게 구할 수 있는 면사인 DMC 25번사와 진하고 옅은 그러데이션이 들어가 있는 DMC 복합사 그리고 여러가지 색이 함께 염색된 DMC 베리에이션사를 사용하였습니다. 6올의 실이 합쳐져 감겨 있는데 40~50cm 길이로 잘라 1올씩 뽑아서 사용합니다.

1. DMC 25번사 2. DMC 복합사 3. DMC 베리에이션사

*자동 실 끼우개

작은 바늘귀에 계속해서 실을 끼우며 수놓아야 하므로 자동 실 끼우개를 사용하면 편리합니다. 일반 프랑스 자수용 바늘처럼 바늘귀가 큰 바늘은 사용이 불가능합니다. 퀼팅용 바늘처럼 바늘귀가 작은 바늘을 위주로 사용하세요.

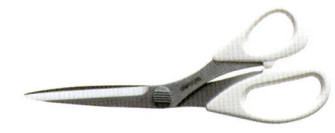

*재단 가위

재단 가위를 일반 가위와 구분해서 사용하도록 합니다. 재단 가위는 원단을 자를 때만 사용해야 날이 무뎌지지 않아 새것처럼 오래 사용할 수 있습니다. 잘 드는 재단 전용 가위를 준비합니다.

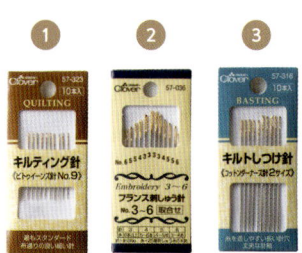

*바늘

1올로 수놓는 곳은 모두 바늘의 길이가 짧고 바늘귀의 구멍이 작은 퀼팅용 바늘 9호를 사용합니다. 실을 여러 겹 꿰어 수놓을 때는 프랑스 자수용 바늘 3~6호를 사용합니다. 불리온 스티치를 수놓을 때는 시침용 긴 바늘을 사용하면 좋습니다. 바늘은 보통 5~7개 정도를 동시에 꺼내 놓고 사용합니다.

1. 1올 사용 시 2. 3~6올 사용 시 3. 불리온 스티치용

*자수용 가위

수놓을 때 계속해서 실을 자르기 때문에 실과 바늘만큼이나 사용 빈도가 높은 도구 입니다. 작고 끝이 뾰족하며 자신의 손에 맞는 것을 선택합니다.

* 실뜯개

잘못 수놓아진 부분을 뜯어낼 때 사용합니다. 실뜯개를 사용할 때는 원단이 상하지 않게 주의합니다.

* 원단

리넨, 광목, 무명 등 용도에 맞게 선택합니다. 숫자가 커질수록 두께가 얇아지는 것을 의미합니다. 보통 올이 가지런한 중간 두께의 것을 많이 사용합니다. 이 책에서는 주로 하프리넨을 사용하였습니다. 면과 리넨이 섞여 있는 재질로 면이 섞여 있어 코튼리넨이라고도 부릅니다. 너무 촘촘한 면 재질의 경우 바늘과 실이 잘 들어가지 않아 수놓기 힘들고, 조직이 너무 성근 리넨은 수를 곱게 놓기 어렵습니다. 반면에 하프리넨은 이런 점을 보완한 원단이므로 이 책의 도안을 수놓기에 적당합니다. 수를 놓고난 후 세탁했을 때 수축하는 것을 방지하기 위해 미리 선세탁하여 사용합니다. 살짝 탈수한 후 물기가 거의 말라 갈 때 다려서 사용하면 됩니다.

* 트레이싱지와 복사한 도안

도안을 옮길 때는 트레이싱지나 복사한 도안이 필요합니다. 이 책에서는 더 세밀한 작업을 위해 가정용 복합기나 문구점을 이용하여 도안을 복사해서 그대로 사용할 것을 권합니다. 도안을 트레이싱지로 옮기는 과정에서 도안의 변형이 일어날 수 있기 때문입니다.

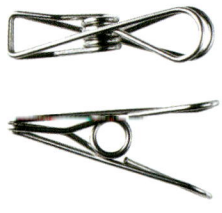

* 먹지와 흰색 초크지

도안을 천에 옮길 때 사용합니다. 밝은 색 원단에는 먹지를 이용하고, 짙은 색 원단에는 흰색 초크지를 이용해서 도안을 옮깁니다.

* 집게

천과 먹지, 도안을 밀리지 않게 잡아주는 데 필요합니다.

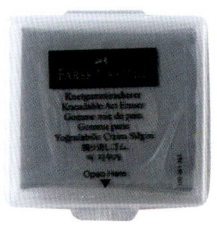

* 떡지우개

먹지로 원단에 도안을 옮긴 후 원단에 남아 있는 먹을 떡지우개로 눌러 제거해줍니다. 밝은 색 원단에 수놓을 때 먹이 옆으로 번질 수 있고, 흰색 실로 수놓을 때는 원단에 그려 놓은 먹이 수 위로 타고 올라오는 경우도 있습니다. 그래서 수놓기 전에 떡지우개로 도안을 눌러 먹을 최대한 꼼꼼히 제거해야 합니다.

* 철필(트레이서)

도안을 천에 옮겨 그릴 때 사용합니다. 세밀한 작업을 위해 제일 굵기가 가는 것을 사용합니다.

* 필기구 – 프릭션 펜과 패브릭 초크 샤프펜

프릭션 펜은 드라이기나 다리미로 열을 가하면 지워지는 펜입니다. 원단에 그려진 도안의 먹을 떡지우개로 제거한 다음 흐려진 도안을 다시 덧그려줄 때 사용합니다. 도안을 그릴 때 쓰는 검정색 외에 다른 색을 두 개 더 가지고 있으면 수결의 방향 표시와 그러데이션 경계를 표시하는 용도로 사용하기 좋습니다. 누름단추가 있는 펜보다는 없는 펜이 흔들림이 없어 세밀하게 그리기 좋습니다. 0.5mm 굵기를 사용합니다.

진한 색 원단에 도안을 옮길 때는 흰색 초크지를 이용하고 흐려진 부분은 흰색 초크 샤프펜으로 덧그려줍니다. 0.9mm굵기를 사용합니다.

* 수틀

수틀은 나무 재질로 된 것이 천을 더 단단히 잡아 주어 좋습니다. 이 책에 수록된 도안의 경우 15~18cm 크기의 것을 사용했습니다. 처음에는 15cm 정도의 수틀을 사용할 것을 권합니다. 도안의 크기가 수틀 보다 큰 경우는 수를 놓은 후 다시 수틀을 옮겨 고정한 뒤 수를 놓으면 됩니다. 수틀에 패브릭 테이프를 감으면 수를 놓다가 천이 느슨해졌을 때 수틀의 나사를 풀지 않은 채 천을 당겨쓰기에는 불편합니다. 그러나 수를 완성하고 다림질한 후 수틀 자국이 천에 남는 것을 어느 정도 방지할 수 있다는 장점이 있습니다. 접착식 패브릭 테이프는 잘 떨어지므로 수틀에 테이프를 감은 것과 감지 않고 사용했을 경우를 비교해 보아도 좋습니다.

보빈 와인더

보빈에 자수실을 감을 때 사용하면 편리합니다.

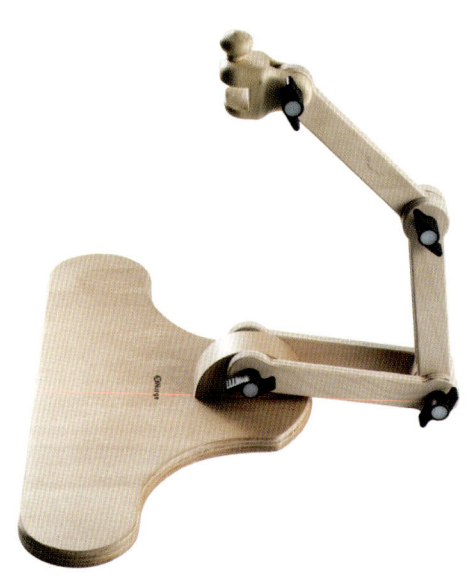

수틀 거치대

테이블 위에 올려놓고 쓰는 테이블 수틀, 테이블 고정 수틀, 좌식 수틀, 입식 수틀 등 다양한 종류의 수틀 거치대가 있습니다. 단순한 도안의 수를 놓을 경우에는 없어도 되지만 시간이 많이 걸리는 도안을 수놓거나 수를 더 세밀하게 놓기 위해서라면 자신에게 맞는 수틀 거치대가 있으면 좋습니다. 손목에 무리가 가지 않으며, 두 손을 자유롭게 사용할 수 있어 더 편하고 세밀하게 수를 놓을 수 있습니다. 각자의 작업 스타일에 맞는 것을 고릅니다. 원형 수틀의 방향을 돌려가며 수놓으면 편리하므로 수틀과 거치대가 일체형으로 되어 있는 것보다는 거치대의 클립에 수틀을 물려 사용하는 방식이 더 좋습니다.

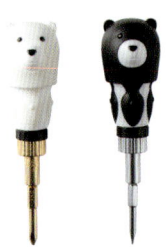

드라이버

수틀을 단단히 조일 때 사용합니다. 수틀에 따라 일자로 된 것도 있고, 십자로 된 것도 있으므로 사용하는 수틀의 나사 모양과 크기에 맞는 것으로 준비합니다.

시침건(베스팅건)

퀼트나 바느질할 때 임시 고정용으로 사용하는 가늘고 작은 시침건입니다. 수틀에 천을 매고 위아래만 몇 번 말아 집어주면 거추장스럽지 않아 수놓기 편리합니다. 시침건을 사용하지 않고 가장자리를 말아 집게로 집어 놓고 수놓아도 좋습니다.

시침건 심뜯개

시침건의 시침심을 뜯어 제거하는 데 사용합니다.

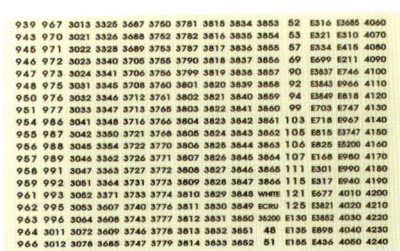 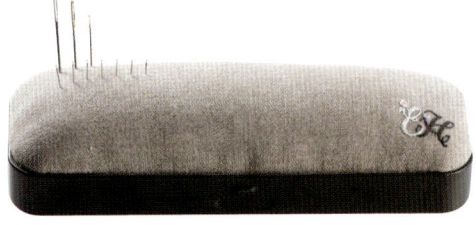

실 번호 스티커

보빈에 직접 유성펜을 이용해 번호를 기입해도 되고, 자수실의 포장지를 함께 감아 사용하거나, 자수실 포장지의 번호를 오려서 붙여 사용하기도 합니다. DMC 25번사는 자수실 번호 스티커를 구할 수 있는데 투명과 흰 바탕 2종류가 있습니다. 라벨프린터가 있다면 직접 번호를 만들어 붙여 사용해도 됩니다. 번호표를 한번 붙여놓으면 계속해서 그 번호의 보빈에 같은 실을 감아 사용하면 되므로 깔끔하게 정리할 수 있어 좋습니다.

바늘방석(핀 쿠션)

너무 작은 것보다는 바닥이 안정감 있고, 폭을 좁고 길게 만들어 사용하면 편리합니다. 그러데이션 표현을 할 때 보통 3개 이상의 색을 사용하는데, 바늘에 실을 그때그때 바꿔 끼우는 것보다는 여러 개의 바늘에 각각 끼워 사용하는 것이 버려지는 실도 줄이고 편리합니다. 이때 색이 비슷하여 혼동이 올 수 있으니, 실을 꿴 바늘을 단계별로 차례대로 바늘방석에 나란히 꽂아두고 사용하면 쉽게 구분되어 좋습니다.

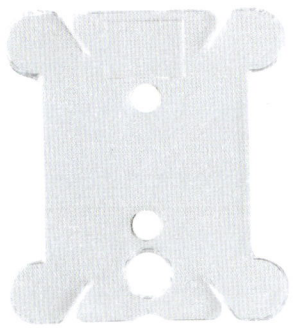 

보빈

실을 감아 두고 사용하면 편리합니다. 잘라서 뽑아 쓰고 남은 실도 다시 감아 두었다 사용합니다. 막대보빈은 실을 감을 필요 없이 한 번에 걸 수 있어 편리합니다. 색을 한눈에 보기에는 일반 보빈이 더 좋습니다. 흰색 보빈과 투명 보빈이 일반적인데 서로 다른 브랜드의 실이 있다면 각각 다른 색 보빈에 감아 구분하면 좋습니다.

보빈함

파일 형태로 꽂아 넘겨 볼 수 있는 것도 있고, 작은 것, 큰 것, 1단짜리, 2단짜리 등 여러 종류가 있습니다. 가지고 있는 실의 양을 생각해서 적당한 것을 고릅니다. 보유한 실의 양이 많지 않다면 작은 상자에 나만의 보빈함을 만들어도 좋습니다. 보빈함 안에 시판되는 보빈꽂이를 넣어 정리하면 실을 감은 보빈이 쓰러지거나 뒤섞이지 않아 보기 좋게 정리할 수 있습니다.

실왁스

실이 여러 번 왔다 갔다 천을 통과하다보면 실에 보풀이 일어나고 실꼬임도 풀어져 결과물에 안 좋은 영향을 줍니다. 실왁스에 실을 가볍게 한번 통과시켜 수를 놓으면 이런 점이 어느 정도 보완되고 실이 꼬이거나 매듭이 졌을 때 풀기가 수월하여 수를 처음 놓는 분들에게 도움이 됩니다. 수놓는 게 익숙해지면 실왁스를 사용하지 않아도 됩니다.

 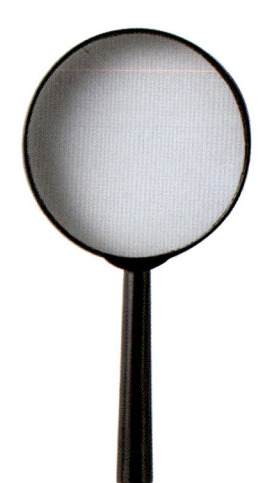

조명(스탠드)과 확대경

검정색이나 진한 색 천에 수놓을 때는 특히 위에서 조명을 가깝게 비추면 천조직의 구멍이 잘 보여 수놓기가 수월합니다. 자수용 루페도 있고 독서용이나 프라모델용 스탠드 확대경도 있지만 오래 보면 어지러워 수놓기가 힘들 수 있습니다. 시력에 크게 불편함이 없다면 확대경보다 조명을 위에서 가깝게 비추고 수놓는 것을 추천합니다. 각도 조절이 자유롭게 되는 관절형 스탠드가 더 편리하며 LED조명은 미세한 떨림이 없어 눈의 피로가 덜합니다. 아주 작은 잎을 새틴 스티치로 수놓을 때 바깥 라인을 더 고르게 수놓고 싶다면 세밀한 작업을 위해 손돋보기를 추천합니다. 일반 문구점에서 쉽게 구할 수 있는 돋보기면 충분합니다. 계속해서 들고 있어야 하는 것이 아니고 부분적으로 사용하는 것이므로 스탠드형 확대경 보다 손돋보기가 자유롭고 초점을 맞추기에 좋습니다. 양손을 모두 사용할 수 있어야 하므로 수틀 거치대에 수틀을 물려 놓고 수놓는 경우에 한해서입니다. 세밀한 작업을 하고 싶은 분들을 위한 추천이므로 없어도 무방합니다.

* 자수 도구와 관리법에 대한 더 자세한 내용은 P.202 '나의 작업실 이야기'를 참고해주세요.

자수를 하기 전에 알아둘 것들

1 선세탁하는 법

면이나 리넨 같은 천연섬유는 세탁 후 수축이 일어나므로 사용 전 세탁하여 다린 후 사용합니다. 미리 선세탁해서 나오는 워싱천의 경우는 세탁하지 않고 그대로 수놓아도 됩니다.

1. 원단에 오염된 부분이 있다면 제거하고 물에 1~2시간 정도 담가둡니다.
2. 원단을 식서방향에 맞춰 상하좌우로 잡아당겨 결을 정돈하여 말립니다.
3. 약간 덜 말랐을 때 다립니다.

2 도안 옮기는 법

트레이싱지에 도안을 베낀 후 먹지를 이용해 천에 옮기는 것이 기본 방법입니다. 그러나 트레이싱지에 도안을 베끼는 과정에서 도안의 변형이 일어나므로 가능하면 도안을 그대로 복사해서 사용할 것을 권합니다. 도안을 옮기는 과정을 최소화하면 더 정확하고 편리하게 도안을 옮겨 그릴 수 있습니다. 집에 있는 복합기나 가까운 문구점을 이용해 도안을 복사한 후, 복사한 종이를 그대로 천과 먹지 위에 올리고 철필로 그려주면 됩니다. 철필을 사용하여 도안을 옮길 때는 한 번에 길게 연결해서 그리지 말고 짧게 끊어 그립니다. 도안 그리기에 익숙하지 않다면 곡선자를 대고 그려도 좋습니다. 도안을 천에 옮길 때 스트레이트 스티치나 프렌치 노트 스티치로 수놓는 꽃술은 빼고 그립니다. 꽃잎을 수놓는 과정에서 밑그림한 꽃술이 덮어지고, 수결을 맞추며 수놓는 데도 방해가 되기 때문입니다.

1. 원단 위에 먹지를 올리고 그 위에 복사한 도안을 올린 다음 철필을 사용하여 도안을 원단에 옮깁니다.
2. 떡지우개로 도안을 눌러 원단에 옮긴 도안의 먹을 제거합니다. 이때 눌러줄 때마다 떡지우개를 반으로 접어 뭉친 후 다시 찍어야 떡지우개에 묻어 있는 먹이 천을 오염시키는 것을 방지할 수 있습니다.
3. 프릭션 펜으로 흐려진 도안을 덧그려줍니다.

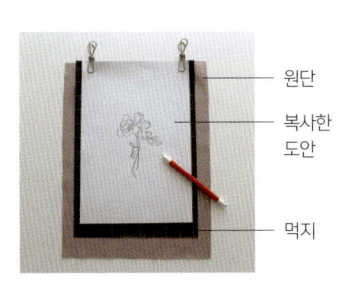
- 원단
- 복사한 도안
- 먹지

1

2

3

③ 수틀 사용법

1. 조임쇠가 없는 수틀 위에 원단을 올립니다.
2. 수틀을 원단 위에 올려 끼울 때 수틀의 조임쇠 부분을 10~11시 방향에 놓습니다.
3. 나사를 조여 어느 정도 고정한 후 식서방향에 맞춰 상하로 잡아당기고 또 좌우로 당겨 팽팽하게 고정합니다. 그려놓은 도안이 약간 늘어날 정도로 팽팽하게 당겨서 고정해야 나중에 수가 울지 않습니다. 나사를 드라이버로 끝까지 꽉 조여 줍니다.
4. 수놓을 때 거추장스럽지 않게 시침건으로 위아래를 말아 고정합니다. 원단의 크기가 큰 경우에는 양옆도 말아 고정해줍니다. 시침건 대신 집게로 고정해도 좋습니다.
5. 수틀 거치대에 물려 수놓을 준비를 마칩니다.

> ● TIP 수틀 조임쇠의 위치를 2와 같이 하는 이유는 조임쇠 부분의 틈이 원단을 잘 잡아주지 못하기 때문입니다. 천의 식서방향과 비스듬히 위치하면 천의 결이 틀어지지 않고 바르게 고정하는 데 도움이 됩니다. 또한 수틀을 수틀거치대에 물리기에도 좋습니다. 왼손을 사용하여 수놓는다면 조임쇠의 위치를 반대 방향으로 하면 됩니다.

1

2

3

4

5

④ 자동 실 끼우개로 실 끼우기

1. 실을 40~50cm 길이로 자른 후, 6올 중에서 1올을 잡아 뺍니다.
2. 자동 실 끼우개에 바늘과 실을 끼우고 사진과 같이 누른 후, 바늘을 들어 올리면 실이 바늘귀에 걸립니다.
3. 고리를 잡아당기면 실이 꿰어집니다.

1	2	3	4
	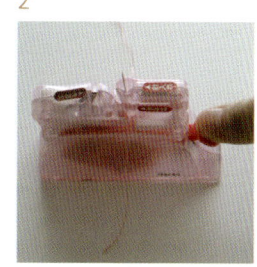		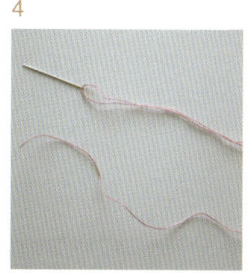

⑤ 시작을 위한 실매듭 짓기

1. 검지 위에 실과 바늘을 올린 후, 두 번 정도 감아 줍니다.
2. 감은 부분을 엄지와 검지로 잡아줍니다.
3. 감은 부분을 잡은 상태로 바늘을 끝까지 빼주면 매듭이 완성됩니다.
4. 실매듭 완성.

1	2	3	4
	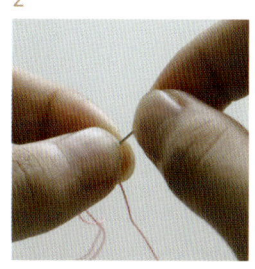	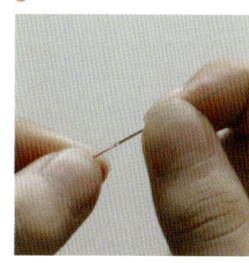	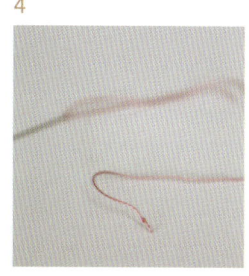

⑥ 자수실 보빈에 감는법

1. 자수실과 동일한 번호를 붙인 보빈, 자수실, 보빈 와인더, 보빈함을 준비합니다.
2. 자수실을 감고 있던 라벨을 잡아 빼고 사진과 같이 준비합니다.
3. 실이 엉키지 않게 손목에 걸고 실 끝을 보빈의 앞쪽에서 구멍 뒤로 통과시켜 왼손 검지로 잡고 오른손으로는 실을 아래로 해서 보빈에 감은 후 위로 올려줍니다.

1	2	3
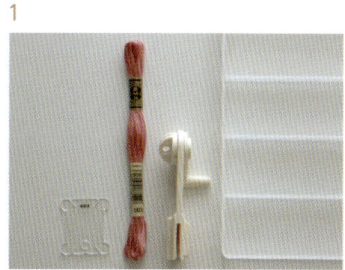		

4. 이어서 실을 시계 반대방향으로 계속 돌려 구멍에 통과시킨 실 끝이 고정될 정도로 몇 번 감아줍니다.
5. 보빈함의 'ㅓ'형태에 보빈 와인더를 고정시키고 보빈을 끼웁니다.
6. 보빈함이 움직이지 않게 왼손으로 누른 상태에서 보빈 와인더의 손잡이를 시계방향으로 돌려 실을 고르게 감아줍니다. 이때 너무 꽉 감으면 나중에 실을 풀었을 때 자국이 남으니 적당히 느슨하게 감아줍니다.
7. 실 끝을 보빈의 사선에 끼워 풀리지 않게 합니다.

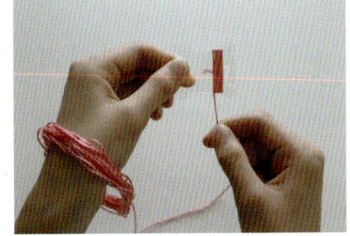
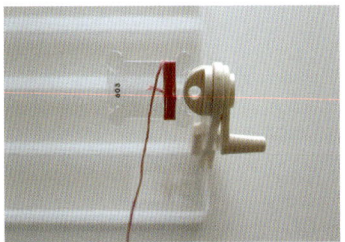
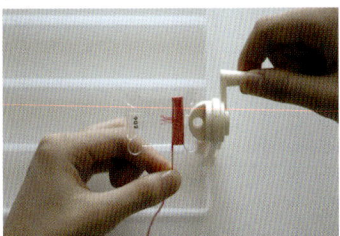

 시작과 마무리 짓기

1. 스템 스티치로 선을 수놓을 때는 매듭지은 실로 수놓기 시작합니다. 면을 수놓을 때는 시작하는 부분과 가까운 안쪽에 짧게 두 땀을 놓고 시작합니다.
2. 마지막에도 두 땀을 짧게 놓아 천 위에서 실을 바짝 잘라줍니다. 면이 모두 채워진 맨 마지막에는 수놓아진 곳의 실 사이에 두 땀을 놓고 실을 잘라 마무리합니다.
3. 선을 수놓았을 때는 수놓은 뒷면에서 마지막 땀에 바늘을 걸어 두 번 감아 감은 곳을 손가락으로 잡고 바늘을 빼어 매듭을 지은 다음 마무리해도 좋고, 수놓아진 실 속으로 보이지 않게 두 땀을 놓고 끝내도 좋습니다.

⑧ 수놓을 때 주의사항

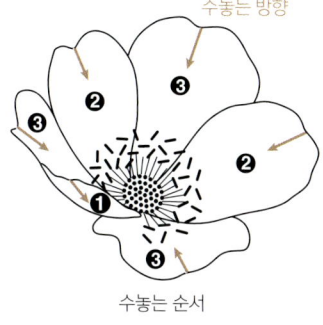

수놓는 방향
수놓는 순서

1. 스템 스티치로 면을 수놓을 때는 시작과 끝의 방향을 동일하게 하여 수결의 방향을 일치시킵니다.
2. 스템 스티치로 곡선을 수놓을 때는 곡선의 경사가 급할수록 땀의 길이를 더 짧게 해서 수놓습니다.
3. 롱 앤드 쇼트 스티치로 꽃잎이나 잎을 표현할 때는 바깥쪽에서 안쪽으로 수놓습니다.
4. 꽃이나 잎을 수놓을 때 면이 서로 겹쳐져 있으면 가장 위에 있는 면부터 차례대로 수놓습니다.
5. 한 땀의 길이는 1cm를 넘지 말아야 합니다. 땀의 길이가 길면 수가 원단에서 붕 뜨는 경우가 발생합니다.
6. 남은 실을 재사용하기 위해 바늘 하나에 실을 계속해서 바꿔 끼우는 것은 번거로우므로 바늘은 5~7개 정도 여유 있게 꺼내 놓고 사용하면 좋습니다. 실의 색이 비슷하여 구분이 안 가는 경우가 있으므로 사용 중인 실은 그러데이션의 단계에 따라 바늘방석에 나란히 꽂아 두고 사용합니다.
7. 수를 놓을 때는 힘 조절이 중요합니다. 너무 당기면 천이 울어 전체적인 수 모양이 틀어지게 되고, 너무 느슨하면 수가 붕 뜨게 됩니다. 살짝 걸리는 느낌이 들 정도로 수놓습니다. 특히 스템 스티치로 줄기를 수놓을 때 실을 너무 당겨 수놓으면 바늘이 들어가고 나온 자리에 (한 땀의 양 끝에) 구멍이 벌어져 전체적으로 수결이 매끄럽게 연결되지 않으니 힘 조절에 주의합니다.

⑨ 수놓은 자수 보관하기

● 세탁법

가볍게 손세탁한 후 비틀어 짜지 말고 타월과 타월 사이에 수를 놓고 위아래를 가볍게 눌러 물기를 제거합니다. 그 다음 식서방향으로 위아래와 양옆을 살짝 잡아당겨 고르게 펴서 자연 건조합니다. 물 빠짐이 있을 수 있으니 삶아서 세탁하지 않습니다.

● 다리기

세탁 후 어느 정도 물기가 말랐을 때 반드시 뒤집어서 수놓은 뒷면을 다립니다. 자수가 놓이지 않은 부분은 천의 앞면을 다려도 좋으나, 수놓은 부분의 앞면은 절대로 다리지 않도록 합니다.

2 | 기본 스티치

1.
레이지데이지 스티치
[lazy-daisy stitch]

작은 꽃잎이나 잎을 수놓을 때 사용하는 스티치입니다.

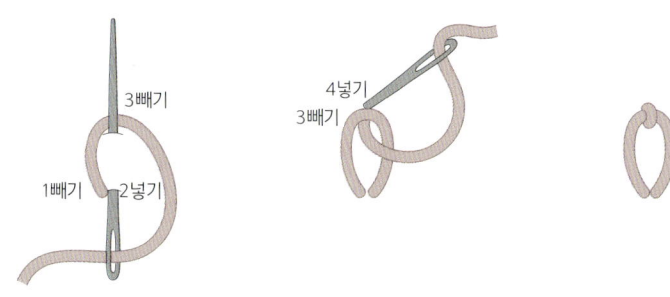

2.
롱 앤드 쇼트 스티치
[long and short stitch]

이 책에서 스템 스티치와 함께 가장 많이 사용하는 스티치 기법입니다. 주로 꽃잎을 수놓을 때 많이 사용합니다. 저는 이러한 롱 앤드 쇼트 스티치 과정을 기존의 방식에서 조금 변형하여 사용합니다. 1단(바깥 부분을 다 메우지 않고) → 2단 → 3단 → 1단(바깥의 빈 부분을 메우고) → 4단 → 다음 단계로 수놓습니다. 전체적인 느낌을 보고 바깥 라인의 빈 곳을 메우기 때문에 수가 고르고 깔끔하게 놓아집니다. 완성으로 가는 순서가 약간 다를 뿐 결과는 크게 다르지 않으니 기존의 방식이 익숙한 분들은 편한 방법으로 수놓아도 좋습니다. 수결을 맞추기가 편하고 바깥 라인을 정리하기에도 수월하여 소개합니다.

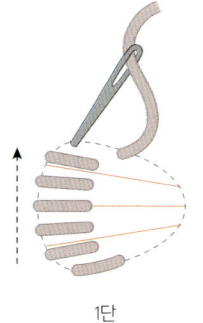 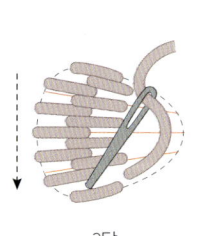 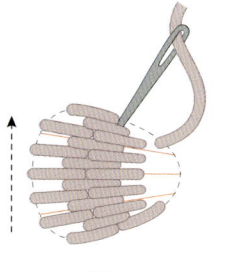 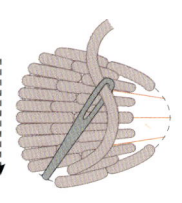 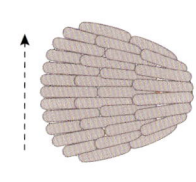

1단   2단   3단   바깥 라인의 빈 곳   4단

3.
불리온 스티치
[bullion stitch]

바늘에 실을 감아 수놓는 스티치입니다. 꽃술을 입체감 있게 수놓을 때 주로 사용합니다.

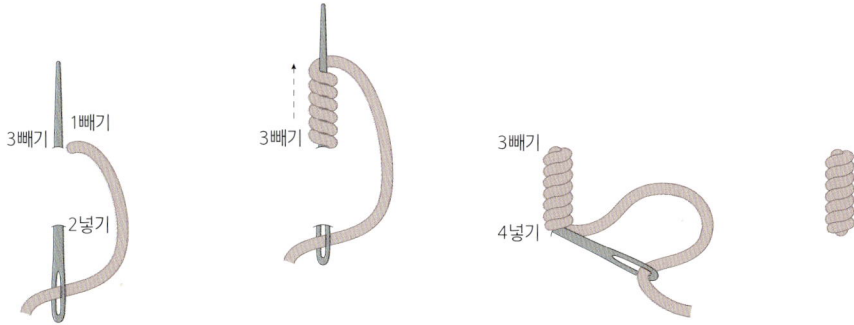

4.
불리온 데이지 스티치
[bullion daisy stitch]

불리온 스티치를 한 후 레이지데이지 스티치를 하는 방법으로 입체감 있는 고리를 표현할 때 주로 사용합니다. 이 책에서는 물매화의 꽃술을 표현하는 데 사용하였습니다.

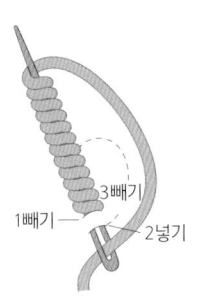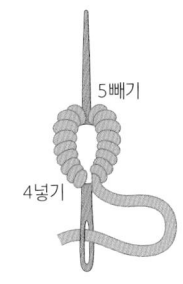

5.
새틴 스티치
[satin stitch]

스트레이트로 나란히 평행이 되게 수놓아 면을 채우는 스티치입니다. 좌우 대칭이 되게 수놓아 잎을 표현하는 데도 많이 사용합니다.

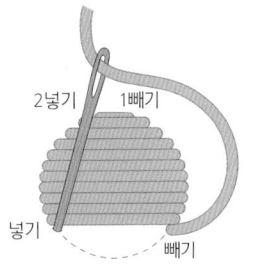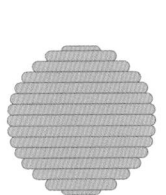

6.
스트레이트 스티치
[straight stitch]

한 땀을 조금 길게 수놓은 스티치입니다. 주로 꽃술을 표현할 때 많이 사용합니다.

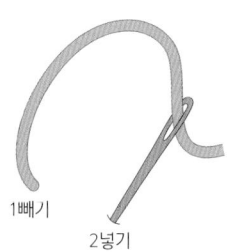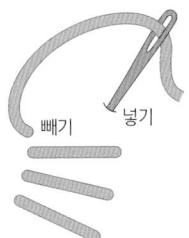

기본 스티치

7.
시딩 스티치
[seeding stitch]

씨앗을 흩뿌려 놓은 모양의 스티치로 스트레이트 스티치보다 더 짧은 땀으로 수놓습니다.

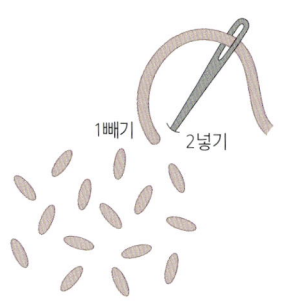

8.
스템 스티치 (아우트라인 스티치)
[stem stitch]

선을 표현할 때 사용하는 스티치입니다. 특히 줄기를 수놓을 때 많이 사용합니다. 나란히 여러 번 반복해서 수놓아 면을 채우기도 합니다. 비슷한 자수법으로 아우트라인 스티치가 있습니다. 실을 어느 위치에 두고 수놓느냐에 따라 아우트라인 스티치와 스템 스티치로 구분합니다. 일반적으로 이 두 스티치를 구분하지 않고 통칭하여 아우트라인 스티치라고 부릅니다. 수놓는 사람에 따라 각자 선호하는 방식대로 수놓습니다. 실을 바늘 아래에 두고 수놓으면 수를 진행해 나갈 때 수월하며, 꼬임이 더 확실하고 분명하게 보입니다. 곡선의 휘어짐이 심할수록 땀의 길이를 더 짧게 해서 수놓으면 더 매끄러운 곡선을 표현할 수 있습니다.

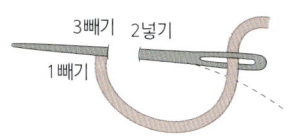 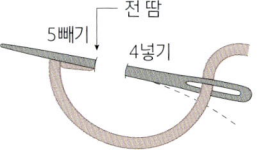 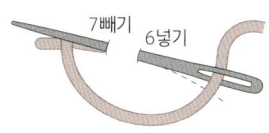 

아우트라인 스티치와 스템 스티치 비교

수놓아진 선을 보면 매우 비슷하지만 자세히 보면 실 꼬임의 방향이 다릅니다. 실을 바늘 위에 두고 수놓으면 아우트라인 스티치, 실을 바늘 아래에 두고 수놓으면 스템 스티치로 구분할 수 있습니다.

아우트라인 스티치   스템 스티치

9.

스템 스티치의 응용

[stem stitch application]

기본 스템 스티치가 다음 땀에서 들어가 전 땀으로 나오기를 반복한다면, 이 스티치는 다음 땀에서 들어가 전 전 땀으로 나오기를 반복합니다. 꼬임을 더 주게 되어 선이 더 굵고 매끄럽습니다. 이때 한 땀의 길이는 기본 스템 스티치 보다 짧은 땀으로 합니다. 이 책에서는 몬스테라의 잎맥, 사마귀풀의 잎과 줄기, 솔나리의 수술대, 동의나물의 잎맥, 꽃무릇의 수술대에 사용하였습니다.

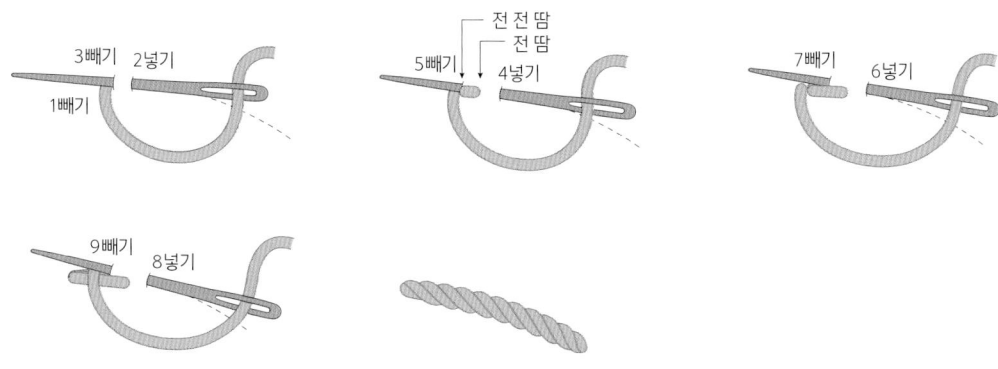

10.

오버캐스트 스티치

[overcast stitch]

'씌우다', '덮다'라는 뜻으로 러닝스티치(홈질)한 위에 감듯이 수놓는 방법의 스티치입니다. 이 책에서는 입체감을 주기 위해 솔나리의 암술대와 꽃밥을 수놓는데 사용하였습니다.

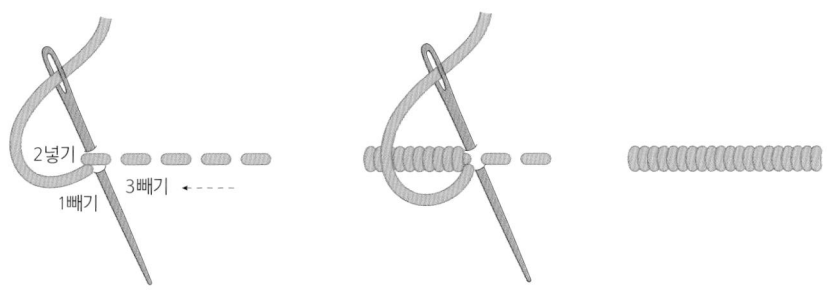

11.

프렌치 노트 스티치

[french knot stitch]

작은 매듭을 만들어 수놓는 기법입니다. 꽃술을 수놓을 때 주로 사용하며, 실의 올수나 감는 횟수에 따라 크기가 달라집니다

3 | 보태니컬 세밀화 자수

차나무꽃

차나무는 사철 푸른 나무로 언뜻 보면 흰동백과도 모습이 비슷합니다. 차나무의 꽃은 가을과 초겨울 사이에 피며 풍성한 노란 꽃술에 꽃잎은 백색이 주종을 이루지만 담홍색도 있습니다. 잎은 긴 타원형으로 둘레에는 톱니가 있고 약간 두툼하며 윤기가 있으며 앞면은 녹색, 뒷면은 회녹색을 띱니다. 차나무의 잎은 채취 시기와 제조 방법에 따라 차의 빛깔과 맛, 향까지 모두 달라지며 여러 이름으로 구분됩니다. 6대차류인 백차, 녹차, 황차, 청차, 홍차, 흑차가 모두 이 차나무의 잎으로 만들어집니다. 초록빛 파도가 밀려오듯 산비탈에 층층이 늘어선 차 밭에 가면 보는 것만으로도 몸과 마음이 청량해집니다. 우리의 생활을 풍요롭게 해주는 차나무는 향기도 좋습니다. 차나무꽃 도안은 소품에도 활용할 수 있게 단순하게 표현해 보았습니다. 차나무꽃을 수놓은 소품과 함께 티타임을 즐겨보세요.

수놓는 순서

1 꽃잎 : 롱 앤드 쇼트S
2 꽃술 : 프렌치 노트S(1올 1번 감기)
3 잎 : 새틴S
4 가지 : 스템S

실 번호

- 973
- 987
- 988
- 3032
- ○ 3865
- 3881

(● 368로 대체가능)

차나무꽃

수놓는 법

꽃잎
○3865로 롱 앤드 쇼트S 하는데 조금 긴 땀으로 수놓습니다.

꽃술
●973 1올로 1번 감아 바깥에서 안쪽으로 원을 그리며 프렌치 노트S 합니다.

잎
새틴S로 수놓는데, 잎 끝을 긴 땀으로 뾰족하게 수놓으면 맵시가 더 삽니다.

가지
●3032로 나란히 2줄을 스템S 하여 가지를 수놓아 완성합니다.

차나무꽃의 활용 도안

개완싸개 가로 9cm, 세로 18cm

티코스터(찻잔받침) 가로 8.5cm, 세로 8.5cm

차나무꽃

설란

설란은 작고 앙증맞은 꽃잎과 솜털이 보송한 잎이 매우 사랑스러운 꽃입니다. 가까이 다가가면 은은하게 난향이 나는 매력적인 꽃이에요. 봄부터 가을까지 계속해서 꽃대가 올라와서 예쁜 얼굴을 오랫동안 볼 수 있습니다.

선명한 자줏빛 실로 싱그러운 꽃잎을 수놓아보세요. 꽃도 잎도 길쭉길쭉한 작은 면으로 되어 있어 롱 앤드 쇼트 스티치로 수놓기에 좋습니다.

수놓는 순서

1 꽃잎 : 롱 앤드 쇼트S
2 줄기 : 스템S
3 잎 : 롱 앤드 쇼트S

실 번호
● 367
● 368
● 500
● 501
● 502
● 505
● 561
● 562
● 602
● 3803
● 3804
● 3805
● 3806

설란

수놓는 법

꽃잎

겹쳐져 있는 꽃잎 중 맨 위에 올라와 있는 세 개의 꽃잎을 ●3806, ●3805로 먼저 롱 앤드 쇼트S 합니다. 그 다음 뒤에 있는 꽃잎 중 ●3805 꽃잎을 수놓습니다. 이어서 ●602, ●3804, ●3803순으로 나머지 두 개의 꽃잎을 롱 앤드 쇼트S 해주고 ●3803으로 제일 어두운 부분도 수놓아 깊이감을 표현합니다. 세 개의 꽃을 모두 같은 방법으로 수놓습니다.

줄기

●502로 스템S 하여 줄기를 수놓습니다.

잎

바깥쪽에서 안쪽으로 갈수록 더 진한 색으로 롱 앤드 쇼트S 하여 잎을 수놓습니다.

코스모스

하늘하늘 몸을 흔들며 우리를 반겨주는 꽃이지요. 길가에 줄지어 피어 있는 코스모스는 마치 마중 나온 환영인과 같습니다. 코스모스는 꽃에 비해 줄기가 가늘고 길어 한없이 연약해 보이지만, 바람에 절대 꺾이지 않는 강단 있는 꽃이에요.
꽃잎 끝의 불규칙한 모양을 잘 살려 수놓아주세요. 코스모스의 특징이 더 잘 살아납니다.

수놓는 순서

1 꽃잎 : 롱 앤드 쇼트S
2 꽃술 : 프렌치 노트S(1올 2번 감기)
3 꽃봉오리 : 스트레이트S
4 꽃받침 : 스템S
5 줄기 : 스템S
6 잎 : 스템S

실 번호

- 320
- 602
- 604
- 725
- 726
- 727
- 818
- 819
- 904
- 988
- 3689
- 3806
- 3822

코스모스

수놓는 법

꽃잎

끝부분의 불규칙한 모양을 살려 바깥쪽에서 안쪽으로 롱 앤드 쇼트S 합니다. 꽃술 쪽으로 갈수록 연하게 그러데이션하며 수놓습니다.

꽃받침

스템S로 나란히 2줄 또는 3줄을 바짝 수놓아 꽃받침 모양을 가늘게 표현합니다.

꽃술

1올로 2번 감아 바깥부터 안쪽으로 원을 그리며 프렌치 노트S 합니다.

줄기

꽃봉오리에 이어져 있는 줄기는 2줄, 나머지 꽃과 연결된 줄기는 3줄로 스템S 합니다.

꽃봉오리

●602를 사용하여 바깥쪽에서 중심으로 십자 모양이 되게 스트레이트S 합니다. 그 십자 모양을 가이드 삼아 사이사이를 채워가는 방식으로 계속 스트레이트S 합니다. 단, 너무 빼곡히 채우지 말고 꽃봉오리의 바깥 라인에 여백이 없을 정도로만 수놓습니다. 그 다음 ●3806으로 꽃잎의 중간 부분에서 중심 쪽으로 같은 방법으로 수놓아 입체감을 표현해 줍니다.

잎

●320 1줄로 스템S 합니다.

코스모스 045

씀바귀

길을 걷다 보면 여기저기에 아주 작은 노란 꽃이 피어 있는 것을 볼 수 있습니다. 심지어 도심의 보도블록 사이를 비집고 피어 있기도 합니다. 4~7월에 노란빛으로 피는 이 꽃은 잎과 줄기에 상처가 나면 흰 즙이 나오는데, 이 즙이 쓰다고 해서 씀바귀라는 이름이 붙여졌습니다. 우리에게는 봄나물로도 익숙한 쌉쌀한 맛이 입맛을 돋우는 식물이죠. 오래 전부터 약재로도 많이 사용되었습니다. 작고 화려하지 않아 눈에 확 띄지는 않지만 자세히 바라보면 참 예쁜 꽃입니다. 고들빼기와 꽃의 모양이 비슷하지만 수술의 색을 보면 쉽게 구분할 수 있습니다. 씀바귀의 수술은 검은색이고, 고들빼기는 꽃잎과 수술이 모두 노란색입니다. 주위에서 이 작고 소박한 꽃을 만나게 되면 잘 구별해서 이름을 불러보세요.

수놓는 순서

1 꽃잎 : 스템S
2 꽃술 : 스트레이트S
3 꽃봉오리 : 롱 앤드 쇼트S
4 줄기 : 스템S

실 번호

- 520
- 522
- 783
- 3053
- 3362
- 3363
- 3781
- 3820
- 3821
- 3822
- 3852
- 3853

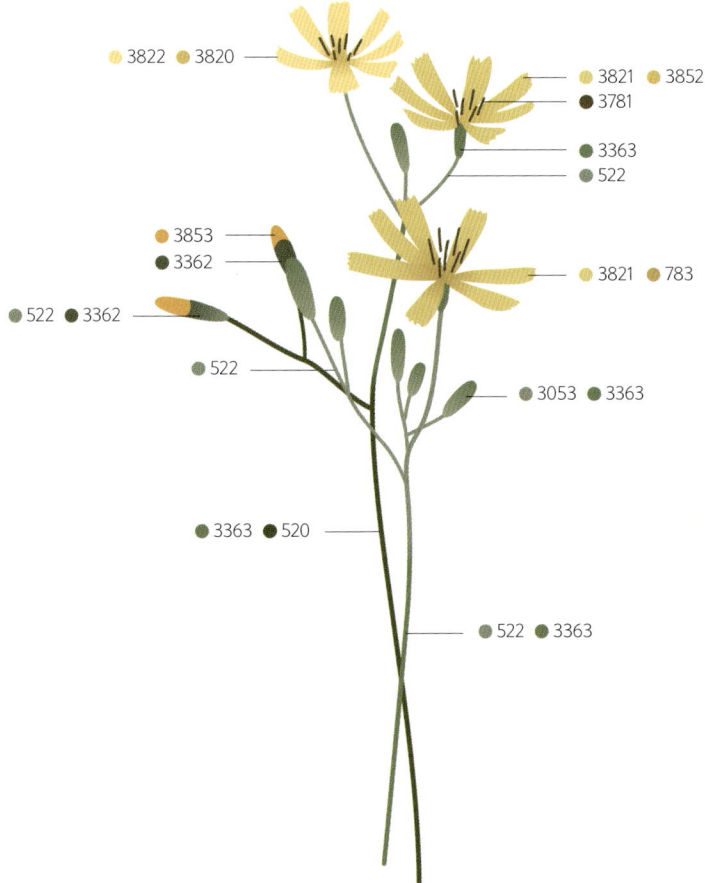

수놓는 법

꽃잎
꽃잎의 바깥 부분이 매끄럽지 않고 삐죽삐죽 한 게 포인트입니다. 이러한 특징을 살려 스템S로 수놓습니다.

꽃술
●3781로 꽃술을 스트레이트S 합니다.

꽃봉오리
롱 앤드 쇼트S로 꽃봉오리를 수놓습니다.

줄기
줄기는 2줄, 가는 줄기는 1줄로 스템S 합니다.

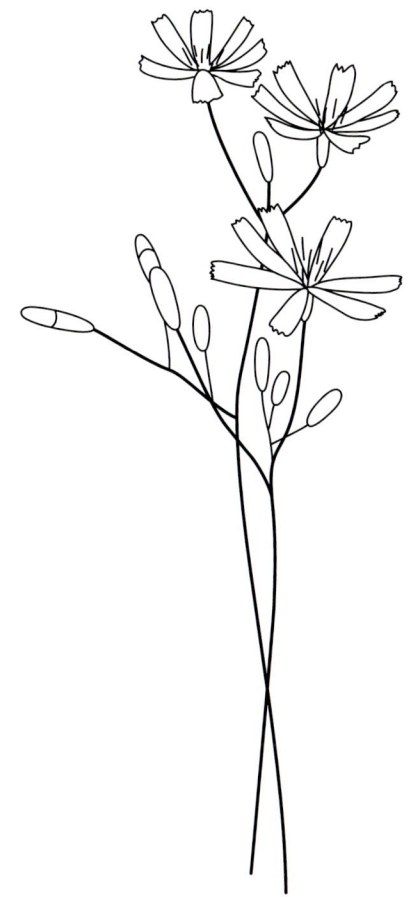

씀바귀 049

벌개미취

벌개미취는 우리나라가 원산지인 토종 야생화로 '코리안 데이지'라는 영문이름으로 불립니다. 아파트 화단이나 공원, 들판에서도 쉽게 볼 수 있는 이 꽃은 6월부터 가을이 깊어질 때까지 보랏빛 고운 꽃을 피우며, 그윽한 국화향이 납니다.
스트레이트 스티치로 한 번에 쉽게 꽃잎을 표현할 수 있어 개망초와 함께 꽃자수의 단골 소재가 되기도 합니다. 저의 1호 도안이어서 저에게는 더 남다른 의미가 있는 꽃입니다.

수놓는 순서

1 줄기 : 스템S
2 꽃잎 : 스트레이트S(6올)
3 꽃술 : 프렌치 노트S(1올 2번 감기)
4 꽃봉오리 : 스트레이트S(2올, 6올)
5 꽃받침 : 스트레이트S(3올)
6 잎, 잎맥 : 롱 앤드 쇼트S, 스템S

실 번호
● 209
● 210
● 368
● 553
● 554
● 772
● 976
● 977
● 3053
● 3346
● 3347
● 3362
● 3363
● 3364
● 3822

벌개미취

수놓는 법

줄기

스템S로 수놓습니다. 이때 맨 위에 있는 꽃을 따라 아래로 내려가는 줄기를 3줄로 먼저 수놓고, 그 다음 2줄로 나머지 줄기도 수놓습니다.

꽃잎

● 554 실의 길이를 60cm 정도로 하여, 6올을 굵은 바늘(자수용 바늘 3호)에 꿰어 컬러 도안의 꽃잎에 표기한 번호 순서대로 스트레이트S 합니다. 꽃잎이 서로 겹쳐져 있기 때문에 번호 순서대로 수놓습니다. 같은 번호끼리는 어느 것을 먼저 수놓아도 무방합니다. 수놓은 꽃잎의 천 아랫부분을 손가락으로 받치고 바늘을 눕혀 꽃잎 끝을 지그시 문질러 모양을 잡습니다. 그 위에 ● 553으로 스트레이트S 하여 꽃의 중심 부분에 명암을 표현해 줍니다. 나머지 꽃잎도 같은 방법으로 수놓습니다. (오른쪽 아래의 이미지 참고)

꽃술

1올로 2번 감아 바깥부터 원을 그리며 프렌치 노트S 합니다.

꽃봉오리

꽃봉오리는 6올로 스트레이트S 합니다. 좌측에 있는 꽃봉오리의 위쪽은 2올로 스트레이트S 합니다.

꽃받침

● 3363 3올로 스트레이트S 하여 꽃받침을 수놓습니다. 3올로 수놓을 때는 자수용 바늘 6호를 사용하면 좋습니다.

잎, 잎맥

위쪽의 작은 잎들은 롱 앤드 쇼트S로 수놓고, 아래쪽의 잎맥을 포함한 잎들은 스템S로 수놓습니다. 이때 잎맥을 먼저 수놓습니다.

벌개미취 053

벚꽃

봄 하면 제일 먼저 떠오르는 꽃 중의 하나가 벚꽃입니다. 추운 겨울을 보내고 햇빛이 따스해질 무렵 우리를 설레게 하고 환상적인 봄날을 선사해줍니다. 하늘을 뒤덮은 벚꽃 터널을 지나면 참 행복해져요. 사랑하는 이들과 함께 즐거운 추억을 만들어주는 꽃이기도 합니다.

벚꽃은 피어 있는 모습도 아름답지만 떨어지는 모습은 더 인상적입니다. 꽃잎이 하나하나 흩날리면 마치 꽃비가 내리는 것 같아요. 떨어진 꽃잎을 한번 보세요. 하트 모양의 연분홍 꽃잎이 사랑스럽습니다. 떨어지는 벚꽃 잎도 수놓아보세요. 사뿐히 춤을 추듯 생동감을 더해줍니다. 제가 사는 동네에도 해마다 벚꽃이 아름답게 핍니다. 벚꽃이 흐드러진 어느 날 딸이 건네준 꽃을 수놓았어요.

수놓는 순서

1 꽃잎 : 롱 앤드 쇼트S
2 꽃술 : 스트레이트S, 프렌치 노트S(1올 2번 감기)
3 꽃봉오리 : 롱 앤드 쇼트S
4 꽃자루 : 스템S
5 꽃받침 : 롱 앤드 쇼트S
6 잎 : 새틴S
7 나뭇가지 : 스템S

실 번호

- 23
- 580
- 603
- 605
- 779
- 905
- 906
- 907
- 3726
- 3819
- 3857
- ★4000

벚꽃

수놓는 법

꽃잎
꽃잎 끝의 갈라진 부분을 살려 롱 앤드 쇼트S로 꽃잎을 수놓습니다. 가운데 꽃은 ●906으로 꽃받침도 이어서 수놓습니다.

꽃술
●3819로 스트레이트S 하여 수술대를 수놓고 수술은 ●3857 1올로 2번 감아 프렌치 노트S 합니다.

꽃봉오리
롱 앤드 쇼트S로 수놓는데 우측의 꽃봉오리 3개는 ●23과 ●605로 위에 있는 꽃잎을 먼저 수놓고, 그 다음 ●605와 ●603으로 나머지 꽃잎도 수놓습니다.

꽃자루, 꽃받침
스템S로 꽃자루를 먼저 수놓고 이어서 짧은 땀으로 롱 앤드 쇼트S 하여 꽃받침도 수놓습니다.

잎
●907 → ●905 → ●906 순으로 새틴S 합니다.

나뭇가지
베리에이션사 ★4000으로 스템S 하여 나뭇가지의 풍부한 색감을 표현해줍니다.

벚꽃 057

바위떡풀

바위떡풀은 습하고 이끼가 많은 곳, 주로 산지의 바위틈에서 자랍니다.
바위에 붙어사는이라는 뜻으로 바위떡풀 이라고 불립니다.
꽃잎은 5개인데 위쪽 3개는 길이가 짧고 아래의 2개는 길어
한자의 '人' 모양으로 생겼다 하여 '대문자초'라고 불리기도 합니다.
귀엽고 자유분방한 모습의 바위떡풀꽃을 수놓아보세요.

수놓는 순서

1 꽃술 : 스트레이트S, 스템S, 프렌치 노트S(1올 2번 감기)
2 꽃잎 : 스템S
3 꽃받침 : 롱 앤드 쇼트S
4 줄기 : 스템S(2올)

실 번호
● 335
● 725
● 989
○ 3865

바위떡풀

수놓는 법

꽃술

암술은 ●725로 바깥에서 중심 쪽으로 스트레이트S 합니다.(P.44 '코스모스 꽃봉오리 수놓는 법' 참고) ○3865로 수술대를 스템S 하고, ●335 1올로 2번 감아 수술을 프렌치 노트S 하여 꽃술을 완성합니다.

꽃잎

스템S로 바깥 라인을 먼저 수놓고 안을 채우는 방식으로 수결이 뭉치지 않게 고르게 수놓습니다.

꽃받침

●989로 꽃받침을 수놓는데, 이때 먼저 수놓은 꽃술을 가리지 않게 주의하며 롱 앤드 쇼트S 합니다.

줄기

●989 2올로 스템S 하여 줄기를 수놓습니다.

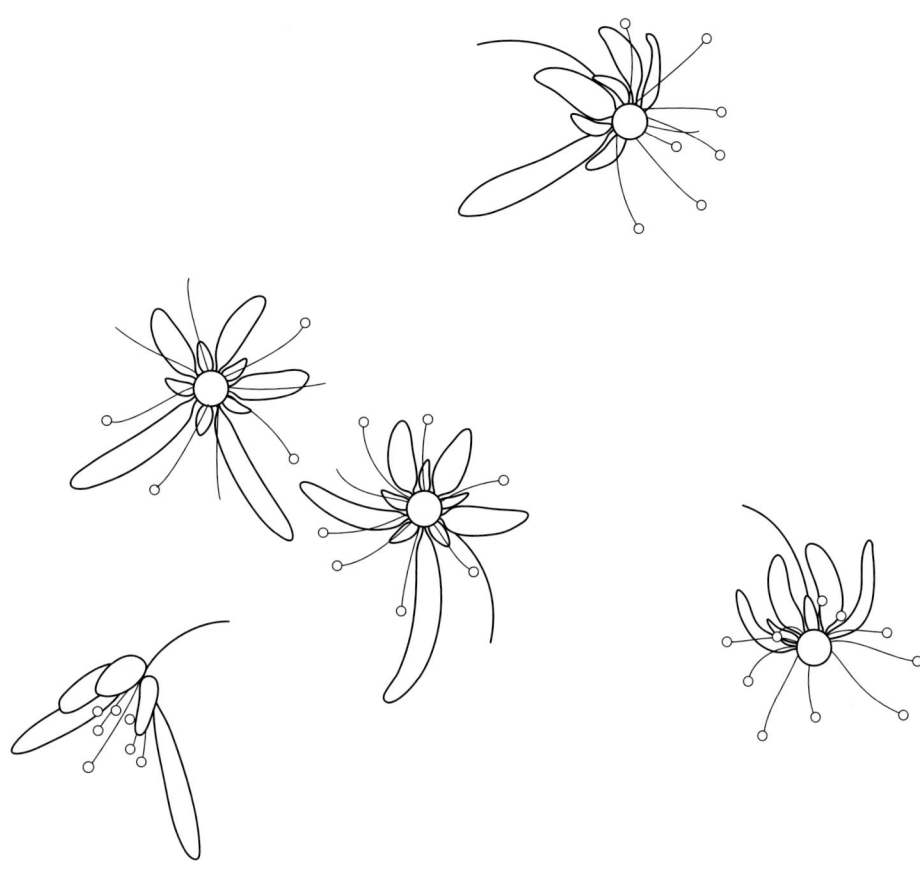

물매화

매화를 닮아 '풀매화' 또는 '매화초'라고도 부릅니다. 산지의 볕이 잘 드는 습지에서 자라는 희귀종으로 동그란 잎이 줄기를 감싸고 긴 줄기 끝에 꽃이 하나 달립니다. 단아함과 청초함을 지닌 고운 빛깔의 물매화를 수놓아보세요.

수놓는 순서

1 꽃잎 : 새틴S, 롱 앤드 쇼트S
2 꽃술 : 새틴S, 불리온 데이지S, 프렌치 노트S(1올 2번 감기)
3 꽃봉오리 : 롱 앤드 쇼트S
4 꽃받침 : 롱 앤드 쇼트S
5 줄기 : 스템S
6 잎 : 롱 앤드 쇼트S

실 번호

- 319
- 320
- 367
- 368
- 520
- 746
- 906
- 907
- 987
- 988
- 989
- 3345
- 3346
- 3347
- 3819
- 3822
- 3865

물매화

수놓는 법

꽃잎

○3865로 새틴S하여 말려 올라간 꽃잎부분을 먼저 수놓습니다. 그 다음 ●746과 ●906으로 롱 앤드 쇼트S 하여 나머지 꽃잎도 수놓습니다.

꽃술

꽃술의 중심 부분을 ●746으로 새틴S 합니다. 그 위에 ●3822로 불리온 데이지S 하고, ●907 1올로 2번 감아 프렌치 노트S 하여 꽃술을 완성합니다. 불리온 데이지S 할 때는 시침용 긴바늘을 사용하면 편리합니다. (오른쪽의 '물매화 꽃술' 이미지 참고)

물매화 꽃술

꽃봉오리, 꽃받침

롱 앤드 쇼트S로 꽃봉오리와 꽃받침을 수놓습니다.

줄기

●989와 ●987로 나란히 스템S하여 줄기를 수놓습니다.

잎

롱 앤드 쇼트S로 잎의 바깥에서 줄기의 끝과 만나는 중심 쪽으로 점점 짙어지도록 그러데이션하여 깊이감을 표현해줍니다.

물매화

올리브

올리브 열매는 익은 정도에 따라 그린, 옐로우그린, 브라운, 다크레드, 퍼플블랙, 블랙 등 색을 규정지을 수 없을 만큼 다양한 색감을 보여줍니다. 잎과 열매가 동글동글 귀엽고 그 생김새도 세련된 식물입니다. 단조로운 도안에 풍부한 색감을 더해주는 복합사와 베리에이션사를 사용하여 올리브를 수놓아보세요.

수놓는 순서

1 가지 : 스템S
2 잎맥, 잎 : 스템S
3 열매 : 롱 앤드 쇼트S

실 번호

- 29
- 92
- 369
- 470
- 472
- 554
- 937
- 3837
- 4045
- 4066
- 4145

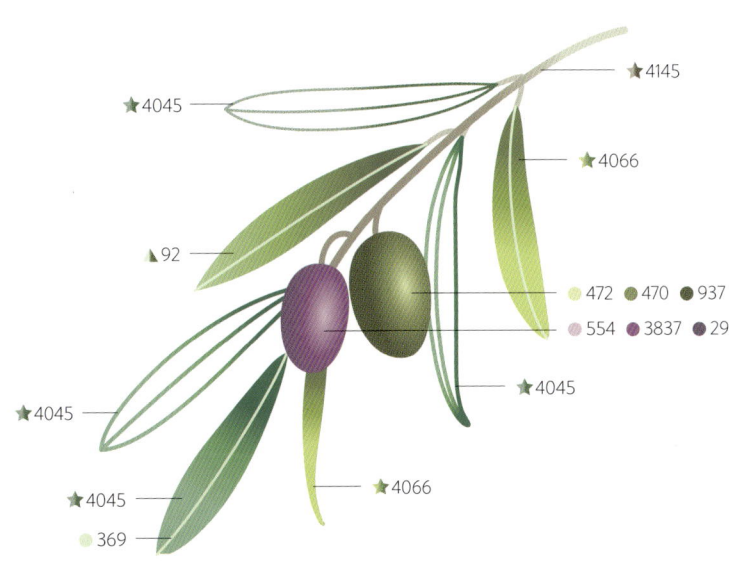

올리브

수놓는 법

가지

★4145로 스템S 하여 가지를 수놓습니다. (아래의 '베리에이션사로 올리브 잎과 가지 수놓기' 참고)

잎맥, 잎

▲92 복합사와 ★4045, ★4066 베리에이션사로 스템S 하여 잎에 풍부한 색감을 더해줍니다. (아래의 '베리에이션사로 올리브 잎과 가지 수놓기' 참고)

열매

짧은 땀으로 롱 앤드 쇼트S 하는데 이때 ●554 → ●3837 → ●29, ●472 → ●470 → ●937 순서로 밝은 색부터 수놓습니다.

베리에이션사로 올리브 잎과 가지 수놓기

1 베리에이션사의 원하는 색감 부분을 자릅니다.
2 그러데이션의 밝고 어두운 부분을 잘 구분하여 시작과 끝을 일정한 방향으로 꿰어 수놓습니다.
3 ①잎맥 → ②바깥 라인 → 잎맥의 바로 밑인 ③ → ②와 ③의 중간인 ④ → 이미 수놓아진 라인을 가이드 삼아 각각의 라인 중간을 수놓는 식으로 하면 전체적으로 뭉침 없이 고르게 수놓을 수 있습니다.

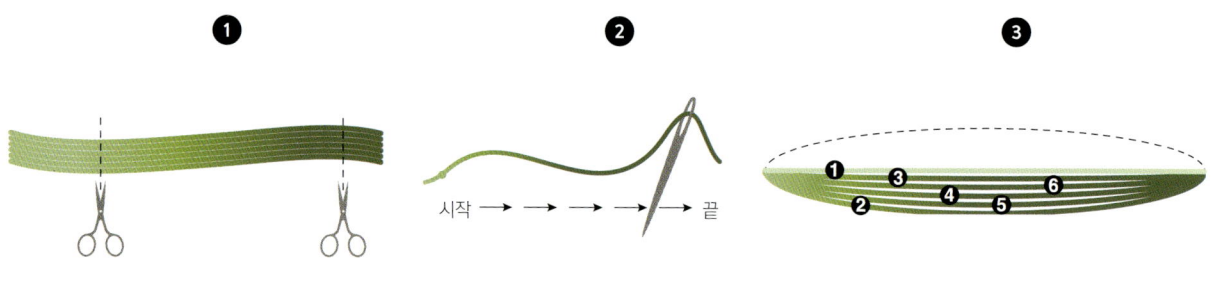

올리브   069

유칼립투스 폴리안

꽃다발 속 폴리안을 수놓았어요. 여러 꽃들 속에서도 존재감이 돋보였어요. 다양한 종류의 유칼립투스 중에서도 폴리안은 동글동글하고 넙적한 잎이 특징이며, 가느다란 줄기에 큰 잎이 여러 개 달려 있어서 더 귀엽고 풍성한 느낌을 줍니다.

폴리안은 앞면과 뒷면의 색이 달라요. 뒷면은 약간 회색빛이 돌죠. 생김새가 단조로운 것 같지만 자세히 보면 잎 모양이 조금씩 다릅니다. 잎 끝부분의 각기 다른 모양을 살려 수놓아보세요. 폴리안의 특징이 더 잘 살아납니다.

수놓는 순서

1 잎 : 롱 앤드 쇼트S
2 잎맥 : 스템S
3 줄기 : 스템S

실 번호

- 407
- 501
- 502
- 522
- 841
- 927
- 3053
- 3072
- 3772

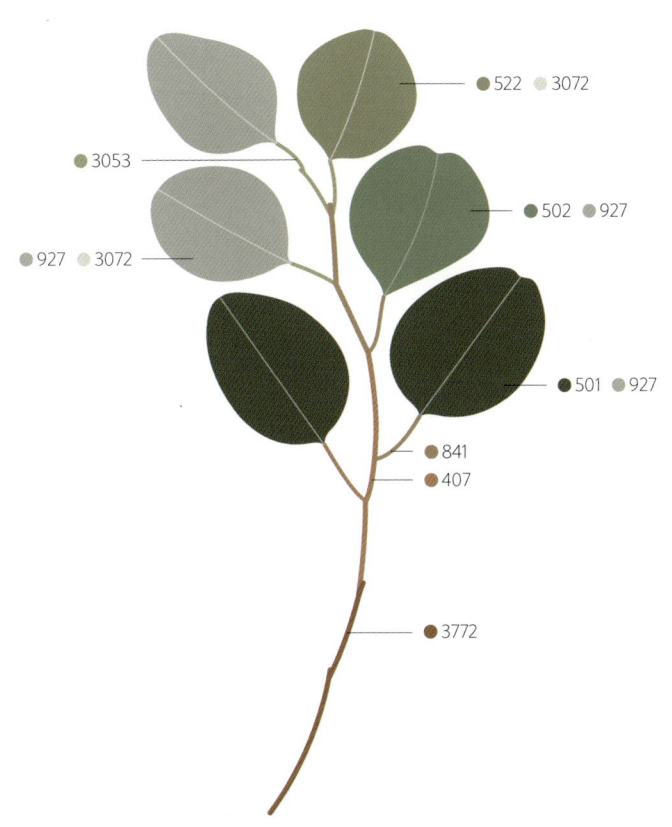

유칼립투스 폴리안　071

수놓는 법

잎, 잎맥

잎과 잎맥의 색이 각각 다르니 컬러 도안의 색을 참고 하여 수놓습니다. 잎은 조금 긴 땀으로 롱 앤드 쇼트S 합니다. 이때 수놓는 방향은 바깥쪽에서 잎맥 쪽으로 합니다. 그 다음 스템S로 잎맥을 수놓습니다.

줄기

줄기는 아래에서부터 ●3772 → ●407 → ●841 → ●3053 순으로 스템S 합니다. 이때 맨 윗부분의 ●3053으로 수놓는 줄기는 1줄로 수놓고 나머지는 2줄로 수놓습니다. ●3053으로 수놓는 줄기 중에 2줄로 수놓는 부분도 있으므로 주의 합니다. (아래의 '유칼립투스 폴리안 줄기' 이미지 참고)

유칼립투스 폴리안

몬스테라

몬스테라는 열대우림의 거대한 나무 아래에서 자라는 식물로 잎이 매우 크고 광택이 나며 초록색의 잎이 싱그럽습니다. 잎맥 사이에 군데군데 타원형의 구멍이 숭숭 뚫려 있는데, 이 구멍 덕분에 모든 잎이 광합성을 골고루 잘할 수 있다고 합니다. 잎에 구멍이 뚫린 특이한 모양 때문에 '스위스 치즈 식물'이라는 별명으로도 불립니다.

몬스터, 괴물이라는 이름에 걸맞게 웬만한 환경에서도 꿋꿋이 살아나는 강인한 생명력과 놀라운 적응력을 보입니다. 몬스테라는 새잎이 돌돌 말린 모양으로 자랍니다. 어떤 모양이 나올지 몰라 기대감을 주는 식물이지요. 이국적이며 내추럴한 분위기로 플랜테리어에 빼놓을 수 없는 식물이기도 합니다. 행운을 가져다준다고 해서 반려식물로도 인기가 많습니다.

도드라진 잎맥과 그 잎맥을 따라 찢어진 모습을 스템 스티치 한 가지 기법으로 표현해보았습니다.

수놓는 순서

1 잎맥 : 스템S
2 잎 : 스템S

실 번호
○ 16
● 3345
● 3346
● 3347

16

16
(P.29 9번 '스템 스티치의 응용'
으로 수놓습니다.)

● 3347 ● 3346 ● 3345

몬스테라   075

수놓는 법

잎맥

스템S로 세로 방향의 중심이 되는 잎맥부터 수놓습니다. 그 다음 P.29 9번 '스템 스티치의 응용'으로 가로 방향의 잎맥도 수놓습니다.

잎

●3347 → ●3346 → ●3345 순으로 스템S 합니다. 롱 앤드 쇼트S가 더 익숙하다면 롱 앤드 쇼트S로 수놓아도 좋습니다. 스템S로 수놓으면 안내선을 그리고 일정한 규칙대로 수놓기 때문에 계획한 대로 그러데이션 할 수 있다는 장점이 있습니다. 단, 수놓아진 뒷면은 실을 끊지 않고 계속해서 길게 왔다 갔다 했기 때문에 다림질을 하게 되면 그러데이션의 경계에 약간의 배김이 생겨 표가 날 수 있습니다. 이와 같은 방법으로 실을 끊지 않고 수놓았을 때는 될 수 있으면 수놓은 부분은 다리지 않는 게 좋습니다. (아래의 '스템 스티치로 자연스러운 그러데이션 표현하기' 참고)

스템 스티치로 자연스러운 그러데이션 표현하기

1 도안을 옮긴 후 도안과 다른 색으로 안내선을 그려줍니다.
2 색의 경계를 서로 교차하여 흩트리는 방식으로 스템S 합니다. 첫 번째 줄은 안내선의 앞쪽까지, 두 번째 줄은 안내선의 뒤쪽까지 스템S 하기를 반복하며 경계를 모호하게 흐려주는 방식입니다.
3 줄이 바뀔 때마다 '앞', '뒤'를 생각하면서 수놓습니다.
4 완성

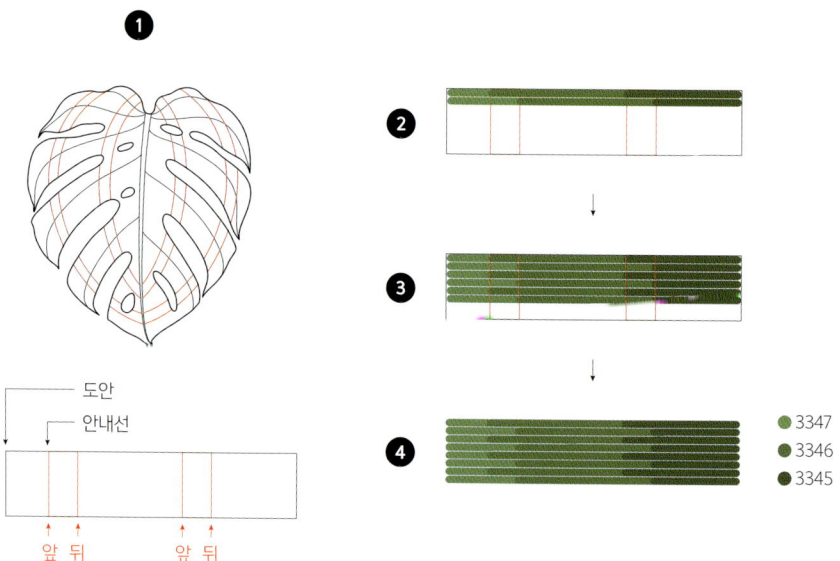

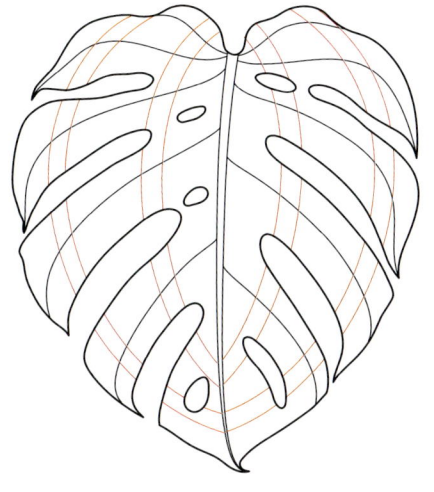

몬스테라

매화마름

늪이나 연못에서 자라는 매화마름은 멸종 위기 야생식물로 보호가
필요합니다. 꽃은 물매화, 잎은 붕어마름과 닮았다 하여 매화마름이라고
부릅니다.
동글동글한 꽃잎과 가는 잎이 대비되어 독특한 조화를 이루는 꽃입니다.
물속에서 빼꼼히 고개를 내밀고 바라보는 모습이 귀엽고 사랑스럽습니다.
스트레이트 스티치로 잎을 수놓기 때문에 꽃을 완성한 후에는 빠르게 완성할
수 있습니다. 무리 지어 피어 있는 매화마름을 수놓아보세요.

수놓는 순서

1 꽃술 : 프렌치 노트 S(1올 3번 감기)
2 꽃잎 : 롱 앤드 쇼트S
3 잎 : 스트레이트S(2올)

실 번호

- 453
- 726
- 3348
- 3821
- ○ 3865
- ★ 4045

수놓는 법

꽃술

● 3348과 ● 726을 각각 1올로 3번 감아 바깥에서 안쪽으로 원을 그리며 프렌치 노트S 합니다.

꽃잎

바깥에서 안쪽으로 롱 앤드 쇼트S 합니다. 이때 꽃잎의 중심 부분이 미리 수놓은 꽃술과 닿지 않게 조금 떨어진 곳까지만 수놓습니다.

잎

베리에이션사 ★4045 2올로 스트레이트S 하여 잎을 수놓습니다.

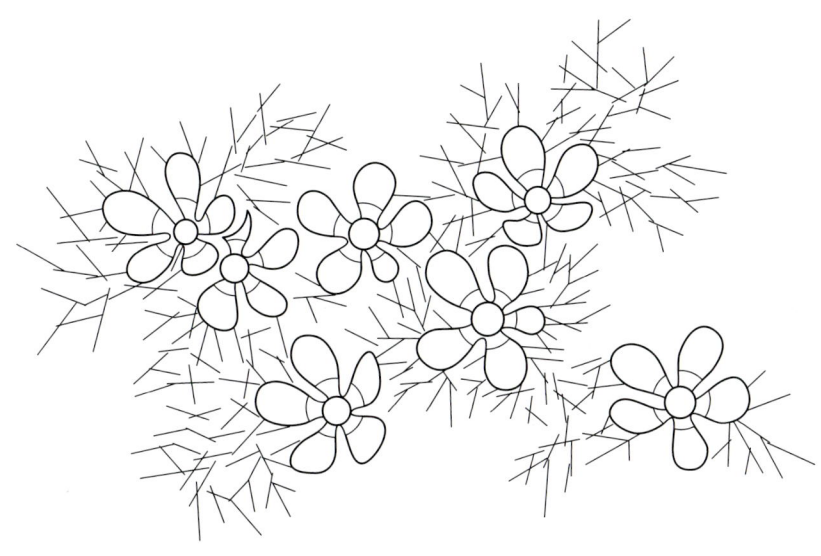

매화마름

붉은토끼풀

붉은토끼풀은 토끼풀과 마찬가지로 유럽 원산인 귀화 식물로 가축의 사료로 사용하기 위해 들여온 것인데, 적응력과 번식력이 뛰어나 우리나라 전역에 퍼지게 됐다고 합니다. 제가 어렸을 때는 붉은토끼풀을 보았던 기억이 없는데 최근에는 야생으로 번져 나가 주변에서도 많이 볼 수 있습니다. 토끼가 잘 먹는 풀이라 해서 토끼풀이라 부르게 되었다고 합니다. 홍차축조, 홍삼엽, 금화채라고도 부릅니다.

수놓는 순서

1 줄기 : 스템S(2올)
2 잎 : 새틴S(2올), 스트레이트S
3 꽃잎 : 레이지데이지S(3올), 스트레이트S(3올)

실 번호
● 368
● 369
● 470
● 904
● 987
● 989
● 3607
● 3608
● 3609

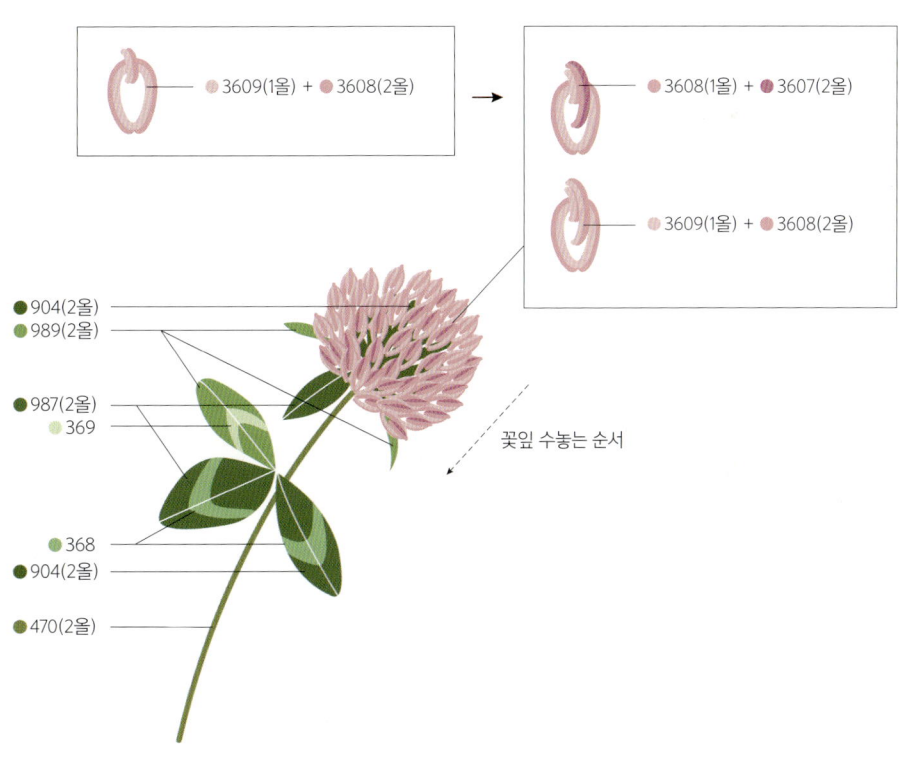

붉은토끼풀

수놓는 법

줄기

● 470 2올로 스템S하여 줄기를 수놓습니다.

잎

2올로 새틴S하여 각각의 잎을 수놓은 후 가운데 무늬부분은 1올로 스트레이트S 합니다.

꽃잎

컬러 도안의 실색과 올 수를 참고하여 차근차근 순서대로 수놓습니다. 3올로 수놓을 때는 자수용 바늘 6호를 사용하면 좋습니다. (아래의 '붉은토끼풀 꽃잎 수놓기' 참고)

붉은토끼풀 꽃잎 수놓기

1 ● 904 2올로 스트레이트S 합니다.
2 ● 3609 1올과 ● 3608 2올을 합하여 바깥부터 차례로 레이지데이지S 합니다.
3 계속해서 다음 단을 레이지데이지S 합니다.
4 꽃잎 전체를 레이지데이지S하여 1차 완성된 모습입니다.
5 레이지데이지S 위에 ● 3608 1올과 ● 3607 2올을 합하여 진한 부분을 스트레이트S 합니다.
6 ● 3609 1올과 ● 3608 2올을 합하여 나머지 밝은 부분을 모두 스트레이트S 하여 꽃잎을 완성합니다.

붉은토끼풀

수레국화

독일의 국화이며, 꽃의 모습이 수레바퀴를 닮았다 하여 '수레국화'라고 부릅니다. 여름에서 가을까지 도심의 주변과 공원에서도 많이 볼 수 있습니다. 흰색, 분홍색, 보라색, 파란색 등 색이 다양한데, 그 중에서도 단연 돋보이는 파란색 수레국화를 수놓았습니다. 수수해 보이면서도 우아한 모습이 매력적인 꽃입니다.

수놓는 순서

1 줄기 : 스템S(2올)
2 꽃받침 : 스트레이트S(2올)
3 잎맥, 잎 : 스템S
4 꽃잎, 꽃술, 꽃봉오리 : 스트레이트S(2올)

실 번호
● 469
● 936
● 939
● 987
● 988
● 3348
● 3362
● 3363
★ 4237
★ 4250
★ 4255

수레국화

수놓는 법

줄기
줄기는 2올로 스템S 하는데 상하로 나누어 아래는 진한 색, 위는 밝은 색으로 수놓습니다. 한 가지 색으로 수놓는 줄기도 있으니 컬러 도안의 색을 참고해 주세요.

꽃받침
2올로 스트레이트S 하여 꽃받침을 수놓습니다.

잎맥, 잎
스템S로 먼저 잎맥을 수놓은 다음 잎도 수놓습니다.

꽃잎, 꽃술, 꽃봉오리
컬러 도안과 수놓은 사진의 색을 참고하여 2올로 스트레이트S 합니다.(아래의 '꽃잎 수놓는 순서'와 오른쪽의 '꽃봉오리 수놓는 순서' 참고)

꽃잎 수놓는 순서

각 단계가 다음 단계의 가이드 역할을 합니다. 전 단계의 수놓은 곳 사이에 다음 땀을 놓는 일정한 패턴을 기억하면 이해가 더 쉽습니다.

추가 되는 땀

단계별 수놓는 과정

❶ 1단계   ❷ 2단계   ❸ 2단계에서 수놓은 사이에 비스듬한 땀을 놓아 3단계를 수놓습니다.

추가 되는 땀

단계별 수놓는 과정

● 참고
전 단계의 수놓은 부분과 새로 수놓은 부분이 구별되어 보이도록 단계별로 각기 다른 색으로 표시하였습니다. 실제 베리에이션사 ★4237, ★4250, ★4255와는 색이 다름을 참고해 주세요.

❹ 2단계의 중심 쪽에 있는 끝부분에 4단계의 땀을 수놓습니다.   ❺ 2단계의 중심 쪽에 있는 끝부분과 4단계의 중심 쪽에 있는 끝부분 사이에 5단계의 땀을 수놓습니다.   ❻ 1단계의 사이사이에 6단계를 수놓아 완성합니다.

꽃봉오리 수놓는 순서

전 단계의 수놓은 곳 사이에 다음 단계의 땀을 놓아 위로 쌓아 올라갑니다.

추가 되는 땀

단계별 수놓는 과정

❶ ❷ ❸ ❹

수레국화

수레국화의 활용 도안

실 번호
- 939
- 3348
- 3362
- 3363
- 4237
- 4255

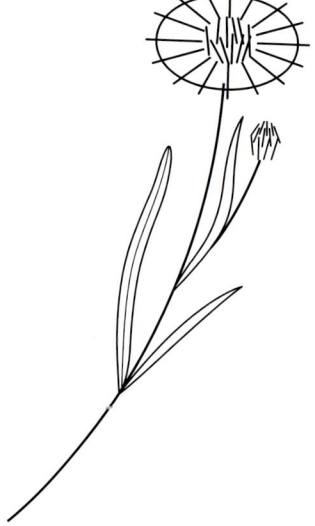

수레국화 티 매트 가로 40cm, 세로 35cm

수레국화

수레국화 새싹

수레국화의 새싹을 수놓았습니다. 연둣빛의 어린잎이 춤을 추고 있는 것 같기도 하고, 막 깨어나 기지개를 켜는 것 같기도 합니다. 여리여리하지만 씩씩하고 당찬 모습에 한참을 바라보았습니다.
작은 면으로 구성된 도안이어서 92번 복합사 한가지 실로 색감을 자연스럽게 표현해보았습니다. 귀엽고 사랑스러운 새싹의 자라는 모습을 생동감 있게 표현해보세요.

수놓는 순서

1 줄기 : 스템S
2 잎 : 롱 앤드 쇼트S

실 번호

▲ 92

▲ 92

수레국화 새싹

수놓는 법

줄기

잎과 줄기를 나눈 후 먼저 줄기 부분을 수놓습니다. (P.68 '베리에이션사로 올리브 잎과 가지 수놓기' 참고)

잎

▲92 복합사를 사용해 자연스럽게 그러데이션 하여 수놓습니다. (P.97 '복합사 한 가지 색으로 자연스럽게 잎 그러데이션 표현하기' 참고)

● **TIP** 수레국화 새싹은 여러 개의 실을 끊지 않고 바늘과 함께 꽂아두고 수놓습니다. (아래의 '여러 개의 실을 끊지 않고 바늘과 함께 꽂아두고 수놓기' 참고)

여러 개의 실을 끊지 않고 바늘과 함께 꽂아두고 수놓기

그러데이션을 표현할 때 비슷한 색의 경계에서 실과 바늘을 잠시 꽂아두고 보류하거나, 여러 개의 색실을 동시에 사용하여 수놓는 방법입니다. 수와 떨어진 상단에 바늘을 빼두었다가 다시 사용할 때는 실이 나온 구멍으로 다시 바늘을 넣어 밑으로 빼서 사용합니다. 사용 중이던 실은 절대 밑에 빼두지 않습니다. 다른 실을 수놓는 과정에서 밑에 두었던 실을 함께 수놓으면 빼 둔 실이 엉망이 되기 때문입니다. 위로 빼 둔 실도 흘러내리지 않게 모두 수틀 위에 올려놓고 수놓습니다.

복합사 한 가지 색으로

자연스럽게

잎 그러데이션 표현하기

보통 도안의 면이 큰 경우는 비슷한 색의 실을 여러 단계로 수놓아 그러데이션을 표현합니다. 그러나 작은 도안의 경우는 한 가지 색으로도 그러데이션을 표현할 수 있습니다. 실을 끊지 않고 바늘과 함께 꽂아 두고 계속 수놓으면 됩니다. (왼쪽의 '여러 개의 실을 끊지 않고 바늘과 함께 꽂아두고 수놓기' 참고) 다소 복잡한 방법인 것 같지만 익숙해지면 편리하게 좀 더 자연스러운 색을 표현할 수 있습니다. ▲92 실을 길게 풀어 필요한 색감의 그러데이션 부분을 자르고 바늘에 실을 끼우는 쪽과 매듭짓는 방향을 일정하게 하여 4올의 실을 4개의 바늘에 각각 끼웁니다.

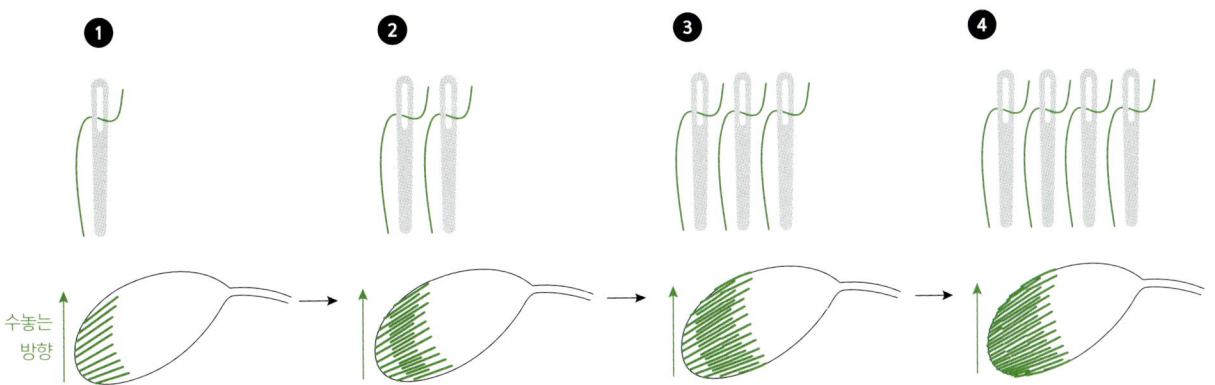

1 1번째 바늘로 1단을 수놓고 바늘을 위로 빼둡니다.
2 2번째 바늘로 2단을 수놓고 바늘을 위로 빼둡니다.
3 3번째 바늘로 3단을 수놓고 바늘을 위로 빼둡니다.
4 4번째 바늘로 왼쪽의 바깥 라인(빈 곳)만 수놓고 잘라냅니다.

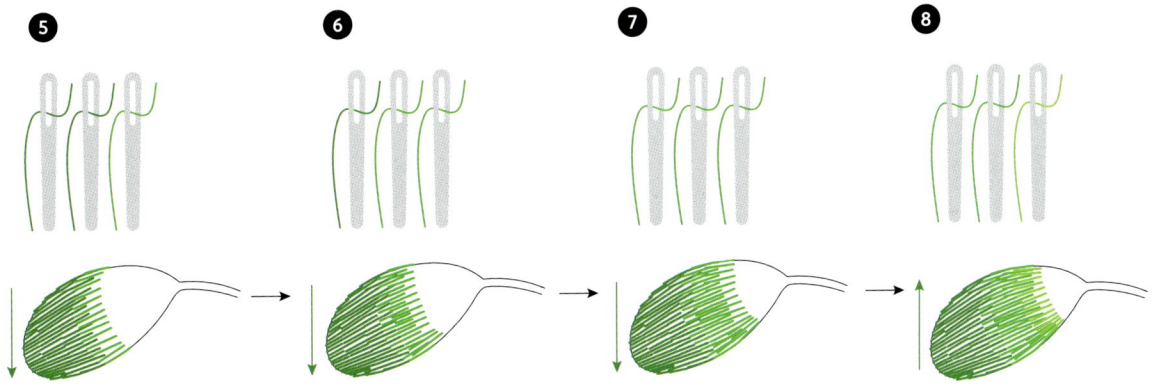

5 빼두었던 1번째 바늘로 또다시 1단을 수놓고 다시 바늘을 빼 둡니다.
6 빼두었던 2번째 바늘로 2단을 수놓고 다시 바늘을 빼 둡니다.
7 빼두었던 3번째 바늘로 3단을 수놓고 다시 바늘을 빼 둡니다.
8 4번을 제외한 1~7번의 과정을 반복합니다.

수레국화 새싹

금강초롱꽃

우리나라의 높은 산지에서만 자라는 희귀식물입니다. 줄기에 대롱대롱 매달려 있는 모습이 초롱을 닮은 이 꽃은 금강산에서 처음 발견되어 '금강초롱꽃'이라고 불립니다. 고산지대의 깊은 숲에서만 자라므로 쉽게 만나기 힘든 꽃이기도 합니다. 청초한 매력의 보랏빛 꽃을 수놓아보세요.

수놓는 순서

1 줄기 : 스템S
2 꽃잎 : 스템S
3 꽃받침 : 스템S, 롱 앤드 쇼트S
4 잎맥, 잎 : 스템S, 롱 앤드 쇼트S

실 번호

- 8
- 10
- 25
- 26
- 209
- 210
- 320
- 367
- 368
- 369
- 640
- 772
- 987
- 988
- 3362
- 3363
- 3364
- ○ 3865
- 3881

(●989로 대체가능)

금강초롱꽃

수놓는 법

줄기

●8 → ●640 → ●3363 순서로 먼저 1줄을 스템S 합니다. 그 다음 ●640 → ●3363 → ●3364 순서로 나란히 1줄을 더 스템S 하여 줄기를 수놓습니다.

꽃잎

스템S로 꽃잎을 수놓는데 이때 ○3865로 줄무늬부터 수놓습니다. 꽃잎의 중심 쪽으로 갈수록 좀 더 진한 보랏빛을 띱니다.

꽃받침

줄기에 가까운 꽃받침은 롱 앤드 쇼트S 하고, 꽃에 가까운 꽃받침은 스템S 합니다.

잎맥, 잎

스템S로 잎맥부터 수놓습니다. 나머지 부분은 롱 앤드 쇼트S로 채운 뒤, ●3362로 잎에 연결된 줄기를 모두 스템S 합니다.

금강초롱꽃 103

낭아초

낭아초는 꽃이 이리의 이빨을 닮았다고 하여 붙여진 이름입니다. 제가 낭아초를 처음 본 것은 몇 해 전 아파트 후문에 있는 작은 계단에서였어요. 수를 놓기 전에는 보이지 않았던 풀꽃과 새로운 식물들이 눈에 띄기 시작할 무렵이었죠. 계단을 내려갈 때 제 시선이 닿는 곳에서 낭아초가 얼굴을 내밀고 보란 듯이 피어 있었습니다. 처음 보는 신기한 모습에 다시 집으로 돌아가 카메라를 들고 나갔던 기억이 납니다. 이렇게 만났던 낭아초는 해마다 여름이면 다시 나와서 반갑게 인사를 합니다. 작년에 보았던 꽃을 올해에도 또 만난다는 건 반갑고 행복한 일입니다.

하늘을 향해 비스듬히 올라간 꽃은 마치 붓으로 가볍게 터치해 그려놓은 것 같아 매우 인상적입니다. 7월부터 9월 무렵까지 곁가지에서도 계속 꽃이 피기 때문에 개화 기간이 깁니다. 마주 보고 나란히 나 있는 잎 또한 귀엽고 사랑스럽습니다.

수놓는 순서

1 가지 : 스템S
2 꽃잎 : 프렌치 노트S(2올 1번 감기), 스트레이트S(4올),
   레이지데이지S + 스트레이트S(4올)
3 잎맥, 잎 : 스템S, 새틴S, 레이지데이지S

실 번호

- 163
- 369
- 562
- 564
- 987
- 988
- 992
- 3607
- 3608
- 3609
- 3815
- 3816
- 3851

낭아초

수놓는 법

가지

굵은 가지는 ●564, ●3816, ●3815로 나란히 스템S 합니다. 색이 각각 다르므로 가는 가지는 컬러 도안의 색을 참고해서 수놓습니다.

꽃잎

꽃잎의 아랫부분은 레이지데이지S + 스트레이트S, 중간 부분은 스트레이트S, 윗부분은 프렌치 노트S로 수놓습니다. 4올로 수놓을 때는 자수용 바늘 5호나 6호를 사용하면 좋습니다. (아래의 '낭아초 꽃잎 수놓기' 참고)

잎맥, 잎

스템S로 잎맥을, 새틴S로 잎을 수놓습니다. 제일 작은 잎은 ●564로 레이지데이지S 합니다.

낭아초 꽃잎 수놓기

1 ●369 2올로 1번 감아 프렌치 노트S 합니다.
2 ●3609 4올로 스트레이트S 합니다.
3 ●3608 4올로 레이지데이지S 하고 그 위에 스트레이트S를 한 번 해줍니다.
4 ●3607 4올로 레이지데이지S 하고 그 위에 스트레이트S를 한 번 해줍니다.

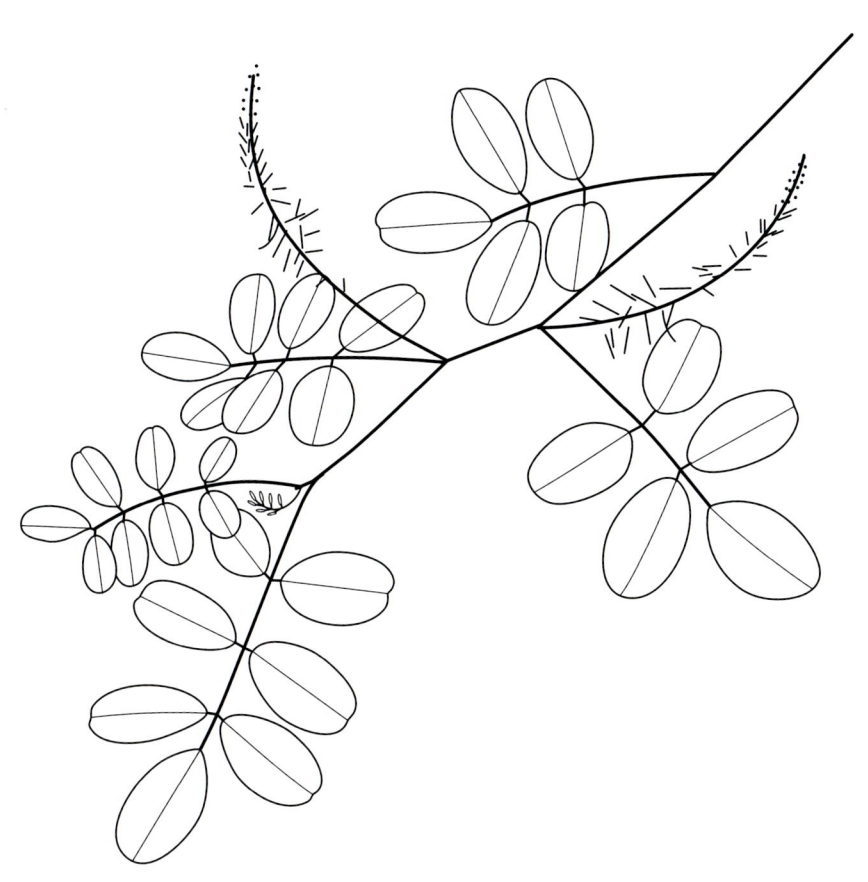

낭아초

크로커스

크로커스는 한겨울 차가운 땅속에서 추위를 견디고 살아남아 꽃을 피우는 강인한 생명력을 가진 봄꽃입니다.
봄에 피는 꽃은 '크로커스', 가을에 피는 꽃은 '사프란'으로 구분하기도 합니다. 그 중 사프란은 달콤한 향과 색을 가지고 있어 향신료와 약용으로 널리 쓰이는 식물이에요. 소담한 꽃과는 대비되는 길쭉한 모양의 잎과 뚜렷한 잎맥이 조화를 이루는 꽃이지요. 선명하고 생기 넘치는 보랏빛이 매혹적입니다.

수놓는 순서

1 꽃잎, 꽃자루 : 롱 앤드 쇼트S, 스템S
2 꽃술 : 스트레이트S, 프렌치 노트S(1올 2번 감기)
3 잎맥, 잎 : 스템S

실 번호

- 10
- 26
- 29
- 30
- 32
- 155
- 340
- 369
- 524
- 904
- 946
- 3345
- 3346
- 3746
- 3807

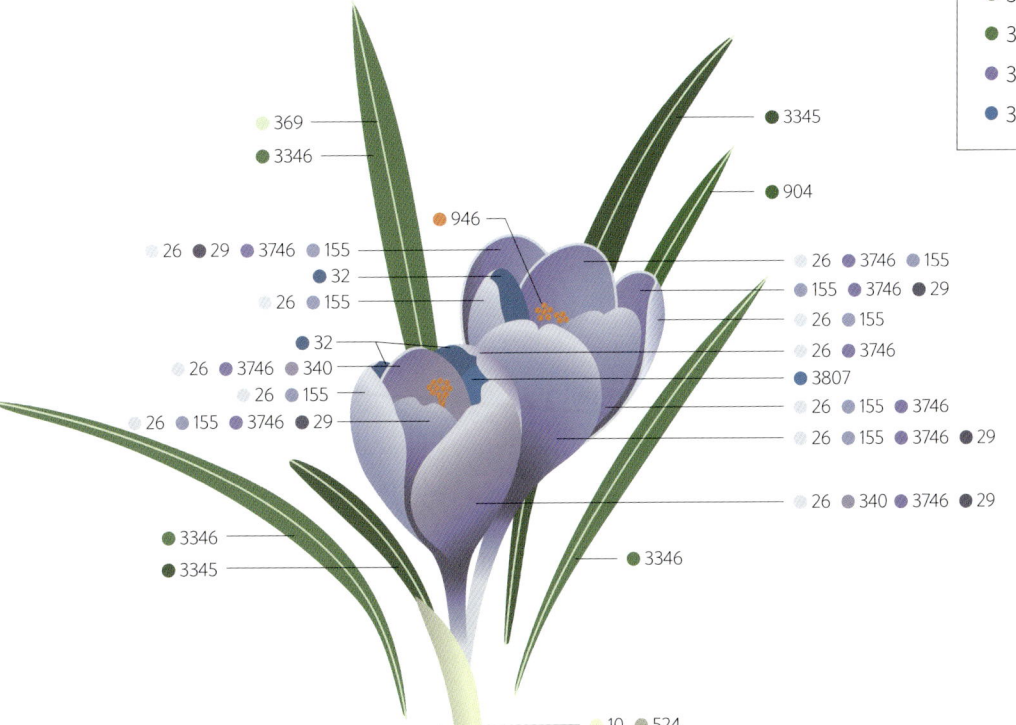

크로커스

수놓는 법

꽃잎, 꽃자루

흑백 도안에 표시한 수결 방향대로 꽃잎과 꽃자루를 롱 앤드 쇼트S 합니다. 꽃잎의 일부 끝부분은 ●26으로 스템S 합니다.

꽃술

좌측 꽃의 꽃술은 ●946으로 스트레이트S 한 후 이어서 2번 감아 프렌치 노트S 합니다. 우측 꽃의 꽃술은 프렌치 노트S만 합니다.

잎맥, 잎

●10과 ●524로 스템S 하여 잎과 꽃자루를 함께 감싸고 있는 부분을 수놓습니다. 잎맥과 잎은 뾰족한 모양을 잘 살려 스템S 합니다. 이때 ●369로 잎맥을 먼저 수놓고, 그 다음 잎의 바깥라인을 수놓은 후 안을 채우는 방식으로 수놓습니다.

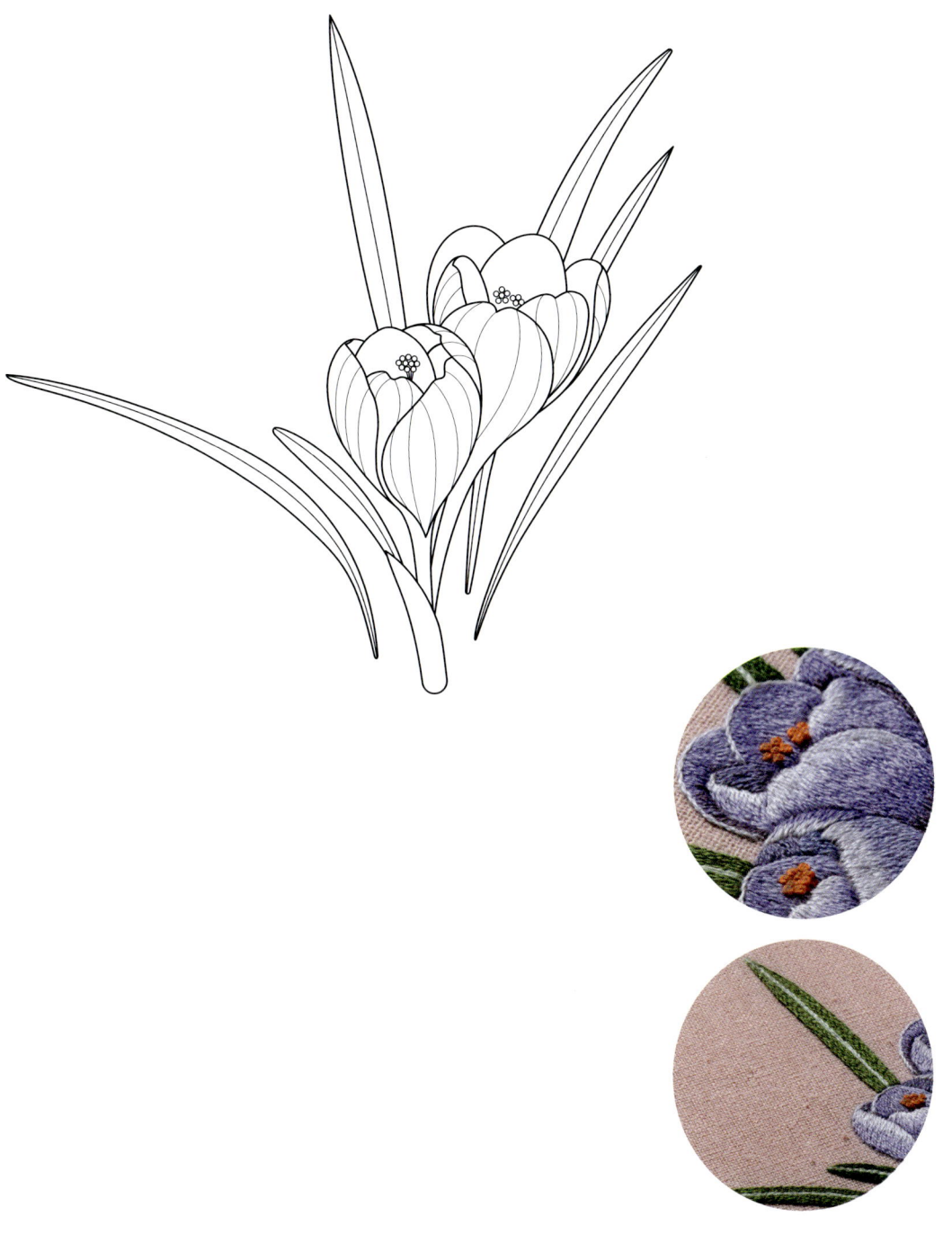

크로커스 111

사마귀풀

사마귀풀을 짓이겨서 즙을 내어 바르면 사마귀가 떨어진다고 하여 붙여진 이름이라고 합니다. 이름과는 달리 자세히 보면 귀엽고 앙증맞은 사랑스러운 꽃입니다.
베리에이션사로 줄기와 잎을 표현 하였습니다. 꽃잎은 달걀 모양이고 안쪽으로 갈수록 색이 점점 옅어지는데, 이런 특징을 잘 살려 그러데이션 해주세요.

수놓는 순서

1 꽃잎 : 롱 앤드 쇼트S
2 꽃받침 : 롱 앤드 쇼트S
3 꽃술 : 스템S, 불리온S, 프렌치 노트S(2올 2번 감기)
4 줄기 : 스템S
5 잎 : 스템S

실 번호

- ▲ 125
- ● 320
- ● 369
- ● 505
- ● 550
- ● 792
- ● 3041
- ● 3607
- ● 3608
- ● 3609
- ● 3726
- ● 3773
- ★ 4047

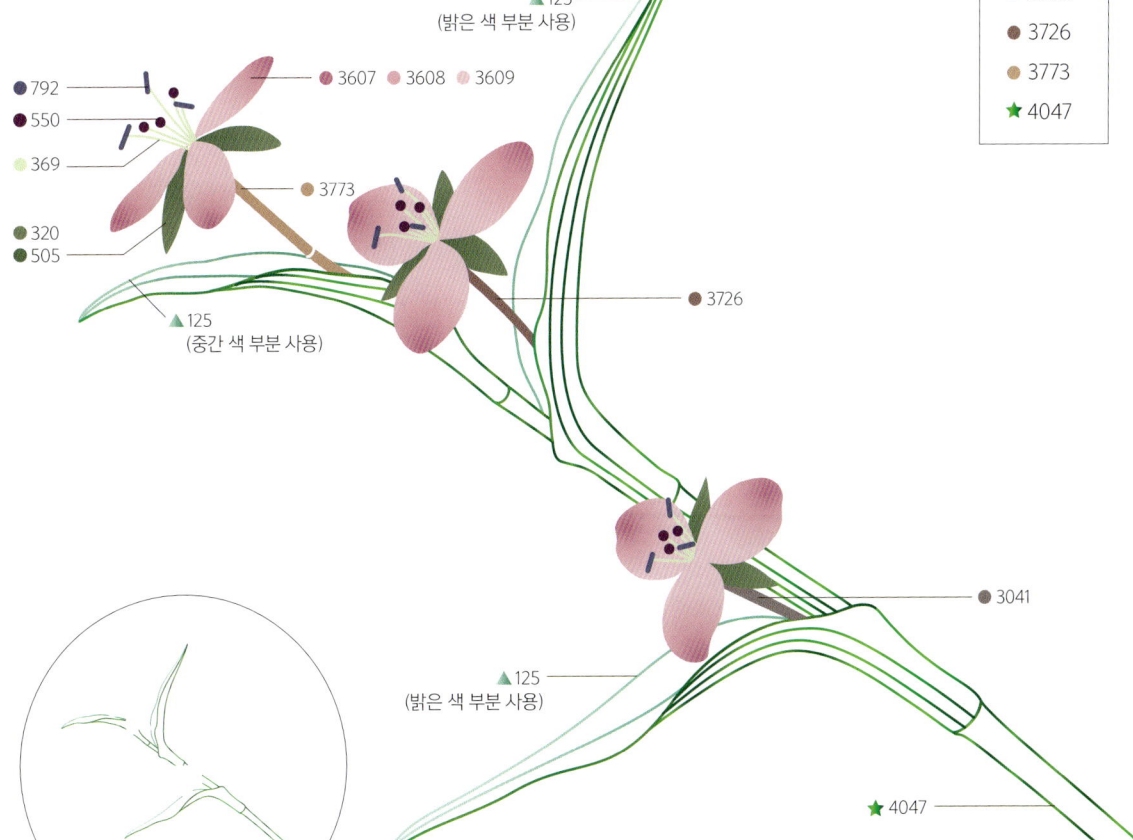

잎과 줄기의 바깥 라인은 P.29 9번
'스템 스티치의 응용'으로 수놓습니다.

사마귀풀

수놓는 법

꽃잎
롱 앤드 쇼트S 하여 꽃잎을 수놓습니다. (아래의 '사마귀풀 꽃잎 수놓기' 참고)

꽃받침
꽃의 중심 쪽으로 갈수록 어둡게 롱 앤드 쇼트S 합니다.

꽃술
수술대는 ●369로 스템S 하고, 수술은 ●792로 불리온S, 헛수술은 ●550 2올로 2번 감아 프렌치 노트S 합니다. 불리온S 할 때는 시침용 긴바늘을 사용하면 편리합니다.

줄기, 잎
줄기와 잎의 바깥 라인은 P.29 9번 '스템 스티치의 응용'으로 수놓아 조금 굵게 표현하고, 안쪽 잎맥은 스템S 하여 바깥 라인 보다 가늘게 표현합니다. 이때 컬러 도안과 수놓은 사진의 색을 참고 하여 ▲125 복합사와 ★4047 베리에이션사의 필요한 부분을 잘라 수놓습니다.

사마귀풀 꽃잎 수놓기

1. 안내선을 그려줍니다.
2. ●3607로 1단계를 수놓습니다.
3. ●3608로 2단계를 수놓습니다.
4. ●3609로 3단계를 수놓습니다.

❶

❷

❸

❹
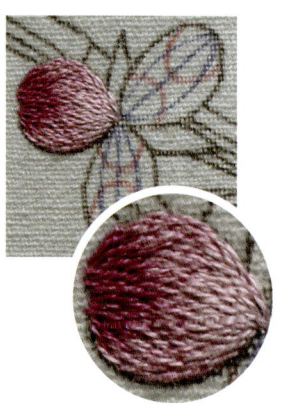

사마귀풀 115

사마귀풀의 활용 도안

맨 아래 도안은 오른쪽 사진에는 없는 추가 도안입니다.

사마귀풀 브로치 대 : 지름 4.8cm, 소 : 3.8cm
사마귀풀 주머니 가로 13cm, 세로 16cm

닭의장풀

닭장 아래에서도 잘 자라고, 꽃잎이 닭의 벼슬을 닮았다고 하여 붙여진 이름입니다. 3장의 꽃잎 중 위쪽의 2장은 크고 둥글며 파란색이고, 아래쪽의 1장은 작고 흰색입니다. 여기에 길게 내리 뻗은 수술까지 더해져 매우 독특한 모습입니다. 줄기의 마디와 잎은 대나무를 닮았습니다. 꽃은 대부분 파란색이지만 더러 분홍색이나 흰색인 것도 있습니다. 어느 늦여름 아파트 화단의 그늘진 곳에 피어 있던 닭의장풀을 수놓았습니다. 꽃의 구조가 복잡하니 한 송이만 수놓아도 좋습니다.

수놓는 순서

1 줄기 : 스템S
2 꽃잎 : 롱 앤드 쇼트S
3 꽃술 : 스템S, 시딩S(2올), 프렌치 노트S(1올 2번 감기, 2올 1번 감기)
4 잎 : 스템S, 롱 앤드 쇼트S

실 번호

- 164
- 340
- 341
- 369
- 433
- 444
- 505
- 561
- 562
- 563
- 702
- 703
- 704
- 798
- 799
- 905
- 906
- 3345
- 3747
- 3819
- 3865
- ★ 4045

닭의장풀

수놓는 법

줄기
베리에이션사 ★4045로 나란히 2줄을 스템S 합니다. (P.68 '베리에이션사로 올리브 잎과 가지 수놓기' 참고)

꽃잎
큰 꽃잎 2장은 롱 앤드 쇼트S로 바깥부터 꽃술이 있는 중심 쪽으로 갈수록 연하게 그러데이션 합니다. 그 다음 ○3865로 아래쪽의 흰색 꽃잎 1장도 롱 앤드 쇼트S 합니다.

꽃술
◉3819로 수술대를 스템S 합니다. 같은 실로 이어서 가운데에 있는 수술대 끝으로 바늘을 뺀 후 2번 감아 프렌치 노트S 합니다. 헛수술은 ●433 2올로 1번 감아 프렌치 노트S 한 뒤, ●444 2올로 1번 감아 그 주위를 프렌치 노트S 합니다. 같은 실로 이어서 수술을 시딩S 합니다.

잎
잎맥과 잎맥을 갖고 있는 잎은 모두 스템S로 수놓습니다. 잎맥이 없는 작은 잎은 롱 앤드 쇼트S 합니다. 이때 잎 끝의 뾰족한 부분을 잘 살려 수놓습니다.

닭의장풀   121

해당화

해당화는 모래와 같이 물 빠짐이 좋고 햇볕을 많이 받는 곳에서 잘 자랍니다.
우리나라 각처의 모래사장과 산기슭에서 볼 수 있죠.
선명한 홍자색의 아름다운 해당화는 특유의 진한 향기를 지니고 있어,
향수의 원료로 사용되며 열매도 아름답습니다.
꽃잎이 넓어 롱 앤드 쇼트 스티치로 그러데이션을 표현할 때 다소 어려울 수 있습니다. 맨 위에 올라와 있는 꽃잎부터 차근차근 수놓아보세요. 롱 앤드 쇼트 스티치와 새틴 스티치를 연습하기에도 좋습니다.

수놓는 순서

1 꽃잎 : 롱 앤드 쇼트S
2 꽃술 : 스트레이트S, 프렌치 노트S(2올 1번 감기), 시딩S(2올)
3 꽃받침 : 롱 앤드 쇼트S
4 잎 : 새틴S
5 줄기 : 스템S

실 번호
● 163
● 165
● 320
● 367
● 368
● 505
● 562
● 601
● 602
● 603
● 604
● 605
● 728
● 987
● 989
● 3804
● 3805
● 3806
○ 3865

해당화

수놓는 법

꽃잎

겹쳐 있는 꽃잎을 비교하여 맨 위의 꽃잎부터 롱 앤드 쇼트S로 수놓습니다. (아래의 '해당화 꽃잎 수놓기' 참고)

줄기

●368과 ●320으로 나란히 스템S 하여 줄기를 수놓아 완성합니다.

꽃술

암술은 ●728과 ●165로 각각 2올로 1번 감아 바깥부터 원을 그리며 프렌치 노트S 합니다. ○3865로 수술을 스트레이트S 한 다음, ●728 2올로 시딩S 하여 꽃술을 완성합니다. 자유롭게 수놓아도 좋고, 도안과 똑같이 수놓고 싶다면 시딩S 부분만 P.148 '작약 꽃술 수놓기'를 참고하여 수놓습니다.

꽃받침

꽃잎에 가까울수록 어둡게 ●368 → ●367 순으로 롱 앤드 쇼트S 합니다.

잎

해당화의 잎을 자세히 보면 판판하지 않고 잎맥을 중심으로 살짝 접혀 있는 것을 볼 수 있습니다. 이러한 느낌을 주기 위해 잎마다 2가지 색으로 반반 나누어 표현하였습니다. 여러 가지의 색으로 새틴S 하여 잎을 풍부하게 수놓습니다.

해당화 꽃잎 수놓기

1 ●604로 1단계를 수놓습니다.
2 ●603 → ●602 → ●603 순으로 수놓고 ●603으로 잎의 바깥 부분에도 군데군데 성글게 수놓습니다.
3 ●602로 다음 단계를 수놓습니다. ❷~❸번에서 ●603과 ●602를 한 번 더 반복해 줌으로써 큰 꽃잎이 단조롭지 않고 더 자연스럽게 그러데이션됩니다. 전체적으로 층이 지지 않게 성글게 섞어 줍니다.
4 ●601로 마지막 단계를 수놓아 꽃잎 하나를 완성합니다.
5 꽃잎 5장을 모두 완성합니다.

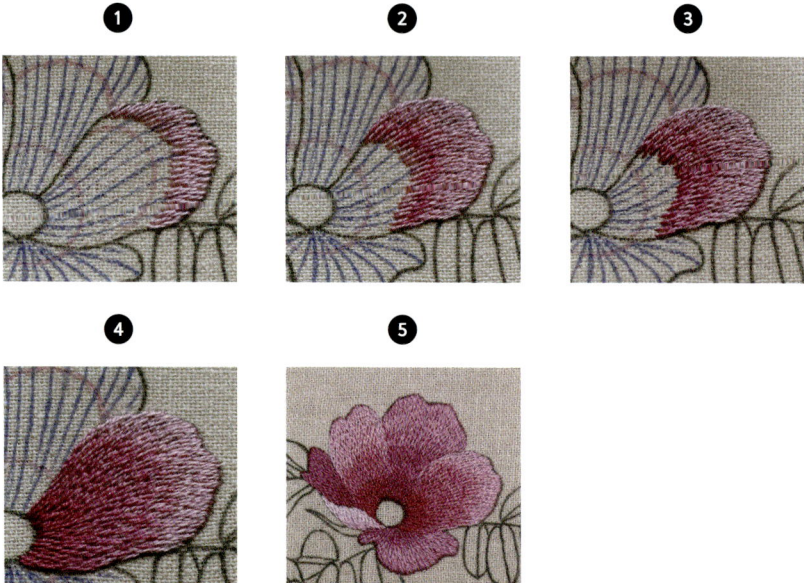

해당화 127

아이리스

다양한 붓꽃 속 식물들을 통칭하여 아이리스라고 합니다. 아이리스는 무지개를 뜻하는 그리스어 '이리스Iris'에서 따온 이름입니다. 무지개처럼 여러 가지 색이 혼재되어 있는 아름다운 꽃이지요. 선명한 보라색과 노란색의 대비가 화려합니다. 꼬리지느러미가 화려한 관상어를 연상케 합니다.

수놓는 순서

1 꽃잎 : 롱 앤드 쇼트S
2 잎 : 스템S
3 줄기 : 스템S

실 번호

- 155
- 158
- 163
- 307
- 320
- 333
- 340
- 367
- 553
- 554
- 561
- 562
- 563
- 791
- 895
- 989
- 3746
- 3747
- 3807
- 3837
- 3865

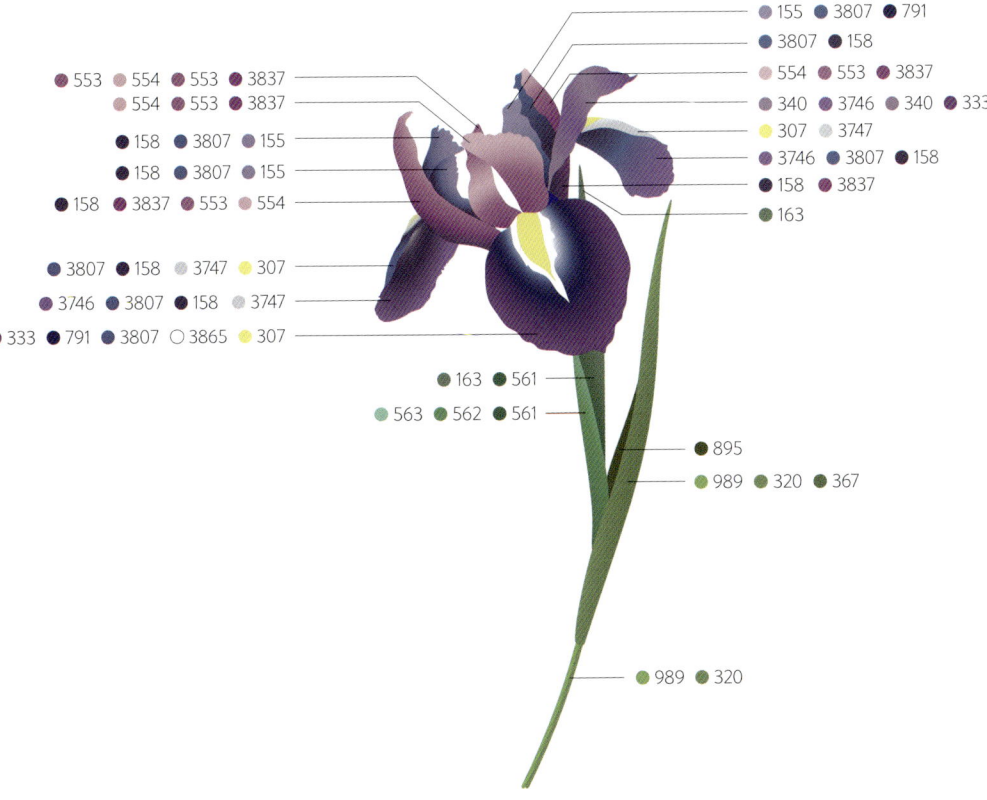

아이리스

수놓는 법

꽃잎

롱 앤드 쇼트S로 맨 앞의 중심이 되는 큰 꽃잎부터 수놓습니다. 작고 변화가 심한 면에 그러데이션이 많이 들어가므로 짧은 땀으로 수놓습니다. (아래의 '아이리스 꽃잎 수놓기' 참고)

잎, 줄기

●989와 ●320으로 나란히 스템S 하여 줄기를 먼저 수놓습니다. 잎도 같은 방법으로 위에 있는 잎부터 차례로 수놓습니다.

아이리스 꽃잎 수놓기

꽃잎에 입체감을 주고 꽃잎 끝을 더 깔끔하게 수놓기 위해 맨 앞의 큰 꽃잎은 바깥라인에 ●333으로 스템S를 먼저 해줍니다. 그 다음 좌우를 반으로 나누어 ●333 → ●791 → ●3807 → ○3865 → ●307 순서로 한쪽을 수놓은 뒤, 반대쪽도 수놓습니다.
●333으로 첫 번째 단계를 수놓을 때는 스템S로 미리 수놓은 바깥라인 부분을 롱 앤드 쇼트S로 감싸 듯 덮어 수놓습니다.

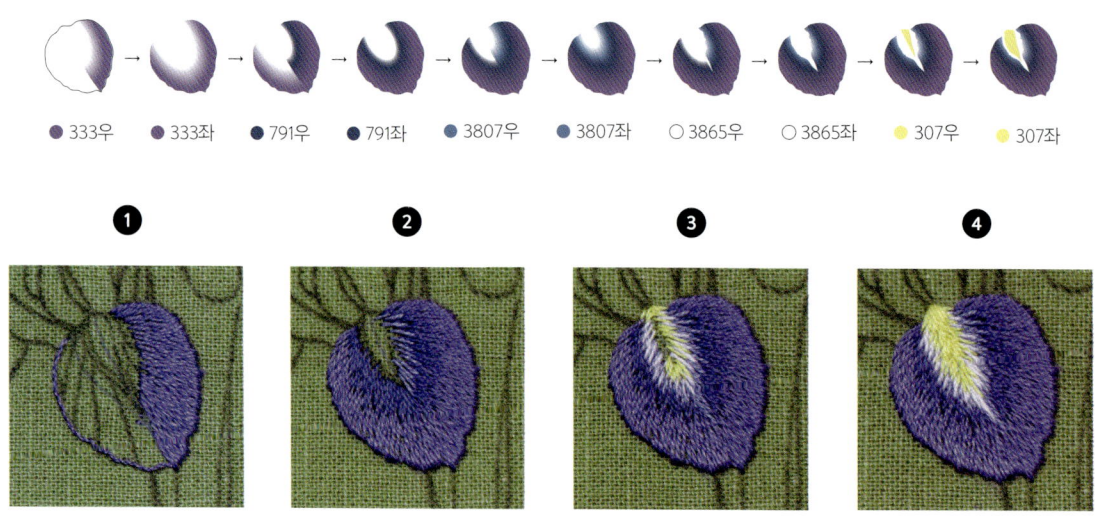

● 333우　● 333좌　● 791우　● 791좌　● 3807우　● 3807좌　○ 3865우　○ 3865좌　● 307우　● 307좌

아이리스 131

아이리스

무꽃

무나 배추의 꽃줄기를 장다리, 장다리에서 피는 꽃을 장다리꽃이라고 합니다. 무꽃은 4~5월에 피며 연한 자주색 혹은 흰색입니다. 무나 배추는 꽃자루가 올라오기도 전에 수확하기 때문에 종자를 받기 위해서가 아니면 보기 드문 꽃입니다. 색이 곱고 예쁜 무꽃을 수놓아보세요.

수놓는 순서

1 꽃잎 : 롱 앤드 쇼트S
2 꽃술 : 프렌치 노트S(2올 2번 감기)
3 꽃받침 : 롱 앤드 쇼트S
4 줄기 : 스템S
5 꽃봉오리 : 스트레이트S(6올), 프렌치 노트S(2올 3번 감기)

실 번호
- 24
- 209
- 210
- 211
- 368
- 470
- 728
- 907
- 986
- 987
- 988
- ★4045

무꽃　135

수놓는 법

꽃잎

롱 앤드 쇼트S로 꽃잎을 수놓습니다. 꽃술이 있는 쪽에는 ●368로 길게 스트레이트S를 한번 넣어줍니다.

꽃술

●728 2올로 2번 감아 프렌치 노트S 합니다.

꽃받침

롱 앤드 쇼트S로 꽃받침을 수놓습니다.

줄기

★ 4045 베리에이션사로 스템S 하여 줄기를 수놓습니다. (P.68 '베리에이션사로 올리브 잎과 가지 수놓기' 참고)

꽃봉오리

꽃봉오리의 중심 부분은 ●988 2올로 3번 감아 프렌치 노트S 합니다. 작은 꽃봉오리는 6올로 한 번만 스트레이트S 하고, 큰 꽃봉오리는 6올로 같은 자리에 2번 스트레이트S 합니다. 6올로 수놓을 때는 자수용바늘 3호를 사용하면 좋습니다. (아래의 '무꽃 꽃봉오리 수놓기' 참고)

무꽃 꽃봉오리 수놓기

1 ●988 2올로 3번 감아 프렌치 노트S 합니다.
2 ●368(2올) + ●988(2올) + ●987(2올) 총 6올로 1번 스트레이트S 합니다.
3 ●368(2올) + ●988(2올) + ●987(2올) 총 6올로 같은 자리에 2번 스트레이트S 합니다.

무꽃

솔나리

잎이 솔잎을 닮아서 붙여진 이름입니다. 솔나리는 깊은 산속에서 자랄 뿐만 아니라 개체 수가 적어서 쉽게 볼 수 없는 귀한 꽃이지요.
꽃이 만개했을 때는 꽃잎이 뒤로 젖혀지고 수술이 길게 나옵니다. 이러한 특징을 살려서 오버캐스트 스티치로 수술대 끝에 달려 있는 꽃밥을 입체감 있게 수놓아보세요.

수놓는 순서

1 줄기 : 스템S
2 잎 : 스템S
3 꽃잎 : 스템S, 스트레이트S
4 꽃술 : 스템S, 오버캐스트S, 프렌치 노트S(2올 1번 감기)

실 번호

- 153
- 164
- 320
- 367
- 368
- 554
- 772
- 900
- 922
- 3347
- 3608
- 3609
- 3777
- 3805
- 3835
- ★4045

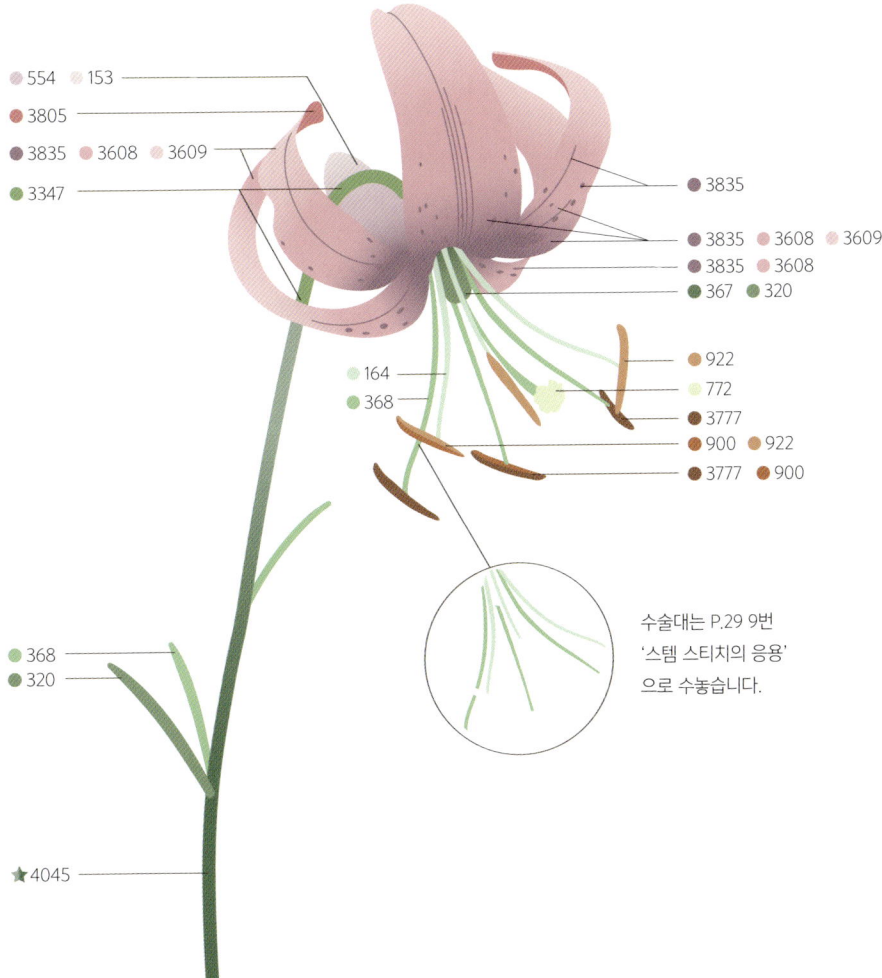

수술대는 P.29 9번
'스템 스티치의 응용'
으로 수놓습니다.

솔나리　139

수놓는 법

줄기
★4045 베리에이션사로 나란히 스템S 하여 줄기를 수놓습니다. (P.68 '베리에이션사로 올리브 잎과 가지 수놓기' 참고) 꽃잎에 가까운 줄기는 ●3347로 스템S 합니다.

잎
●368, ●320으로 각각 나란히 스템S 하여 잎을 수놓습니다.

꽃잎
스템S로 꽃의 중심부로 갈수록 어둡게 꽃잎을 수놓습니다. 꽃잎의 무늬는 ●3835로 스트레이트S 합니다. (아래의 '솔나리 꽃잎 수놓기' 참고)

꽃술
P.29 9번 '스템 스티치의 응용'으로 ●164, ●368 색실을 사용하여 수술대를 수놓습니다. 입체감을 주기 위해 암술대와 꽃밥은 오버캐스트S로 수놓습니다. 일부 꽃밥에는 스템S도 함께 넣어줍니다. 암술머리는 ●772 2올로 1번 감아 프렌치 노트S 합니다. (아래의 '솔나리 꽃술 수놓기' 참고).

솔나리 꽃잎 수놓기

솔나리 꽃술 수놓기

- 수술대
- 암술대
- 암술머리
- 꽃밥

솔나리 141

동백꽃

겨울에 꽃이 핀다 하여 '동백冬柏'이란 이름이 붙었습니다. 보통 붉은 동백을 흔히 볼 수 있지만 거문도 등 남쪽 해변에는 흰 동백도 있습니다. 동백꽃은 향기 없이 강렬한 색채만으로 동박새를 부르는 조매화鳥媒花입니다.
추운 겨울에도 꽃을 피우는 고마운 꽃이지요.
꽃과 나뭇잎이 살짝 말려 있는 게 포인트입니다. 입체감 있게 표현해보세요.

수놓는 순서

1 꽃잎 : 롱 앤드 쇼트S
2 꽃술 : 스트레이트S, 프렌치 노트S(2올 1번 감기)
3 잎맥 : 스템S
4 잎 : 롱 앤드 쇼트S
5 가지 : 스템S

실 번호
● 163
● 304
● 367
● 498
● 505
● 520
● 561
● 562
● 564
● 645
● 646
● 815
● 895
● 987
● 3820
● 3831
● 3832
● 3833
○ 3865

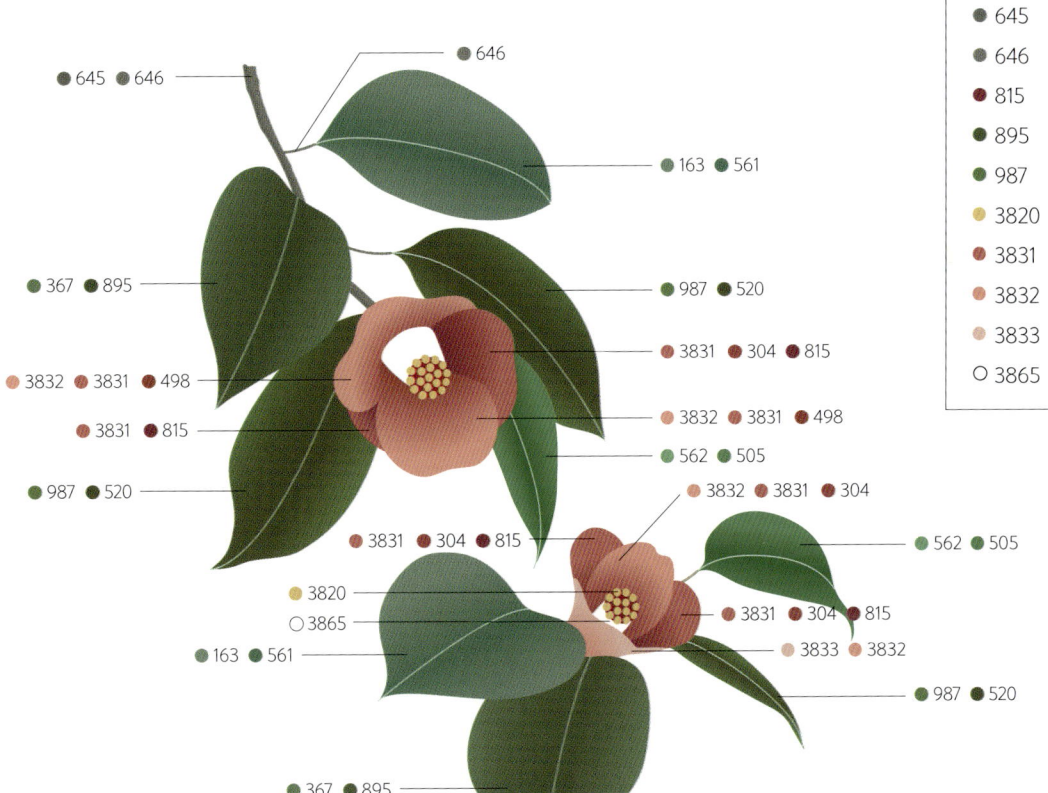

동백꽃

수놓는 법

꽃잎
꽃잎의 음영을 살려 롱 앤드 쇼트S로 수놓습니다. 이때 꽃잎이 겹쳐져 있는 부분은 맨 위의 꽃잎부터 차례대로 수놓습니다.

꽃술
꽃술대는 ○3865로 스트레이트S 하고, 수술은 ●3820 2올로 1번 감아 바깥부터 원을 그리며 프렌치 노트S 합니다.

잎맥, 잎
●564로 스템S 하여 잎맥을 모두 수놓고, 잎은 바깥에서 잎맥 쪽으로 사선 방향으로 롱 앤드 쇼트S 합니다.

가지
●645, ●646으로 나란히 스템S 하여 가지를 수놓고 잔가지는 ●646으로 스템S 합니다.

동백꽃

작약

작약은 탐스럽고 기품 있는 꽃입니다. 활짝 핀 모습도 예쁘지만 피기 전 모습은 더 아름답죠.
롱 앤드 쇼트 스티치로 그러데이션 하여 꽃잎의 깊이감을 표현해주세요.
동그랗게 감싸듯 피어 있는 꽃의 특징이 더 잘 살아납니다.

수놓는 순서

1 꽃잎 : 롱 앤드 쇼트S
2 꽃술 : 시딩S(2올)
3 잎 : 새틴S

실 번호

- 23
- 367
- 368
- 500
- 561
- 562
- 603
- 604
- 605
- 728
- 895
- 987
- 3803
- 3804
- 3805
- 3806
- 3815

작약

수놓는 법

꽃잎

겹쳐져 있는 꽃잎 중에서 맨 위에 있는 꽃잎부터 수놓습니다. 이때 꽃잎의 중심부로 갈수록 어둡게 롱 앤드 쇼트 S 합니다. 흑백 도안의 수결 방향을 따라 수놓는데, 곡선의 휘어짐이 심한 곳은 더 짧은 땀으로 수놓습니다.

꽃술

● 728 2올로 시딩S 하여 자유롭게 느낌대로 수놓아도 좋지만, 복사한 도안을 오려 위치를 잘 맞춰 그 위에 수놓으면 도안과 똑같이 수놓을 수 있습니다. 종이를 떼어낼 때는 수놓아진 꽃술이 당겨지지 않게 바늘 끝으로 눌러가며 조심스럽게 찢습니다. (아래의 '작약 꽃술 수놓기' 참고)

잎

서로 겹쳐져 있는 잎을 비교하여 앞에 있는 잎부터 새틴S합니다.

작약 꽃술 수놓기

❶

❷

작약

동의나물

잎을 오므리면 물동이처럼 물을 길을 수 있다고 해서 붙여진 이름이라고 합니다. 습한 곳을 좋아해서 물가에 자리 잡고 피어난 동의나물을 보고 지어진 이름이 아닐까 합니다.

나물이라는 명칭을 가지고 있지만 독성이 매우 강합니다. 잎이 곰취와 비슷하므로 주의가 필요합니다.

꽃잎은 없지만 5~7장의 둥근 꽃턱잎이 꽃잎처럼 보입니다. 꽃턱잎의 선명한 노란빛으로 군락을 이룬 동의나물은 마치 금빛 양탄자를 깔아놓은 듯 아름답습니다. 늘어진 줄기 끝에 소담스레 피어나는 꽃봉오리도 매우 인상적입니다. 동의나물만의 독특한 색감이 잘 살아나도록, 꽃봉오리의 노란색과 초록색의 경계를 자연스럽게 롱 앤드 쇼트 스티치 해주세요.

수놓는 순서

1 꽃턱잎● : 롱 앤드 쇼트S
2 꽃술 : 스트레이트S(2올), 불리온S(3올 8번 감기)
3 꽃봉오리: 롱 앤드 쇼트S
4 잎맥 : 스템S
5 잎 : 롱 앤드 쇼트S
6 줄기 : 스템S

실 번호

- 320
- 369
- 520
- 725
- 726
- 728
- 966
- 972
- 3078
- 3348
- 3362
- 3363
- 3364
- 3787
- 3820
- 3822
- 3829
- 3852

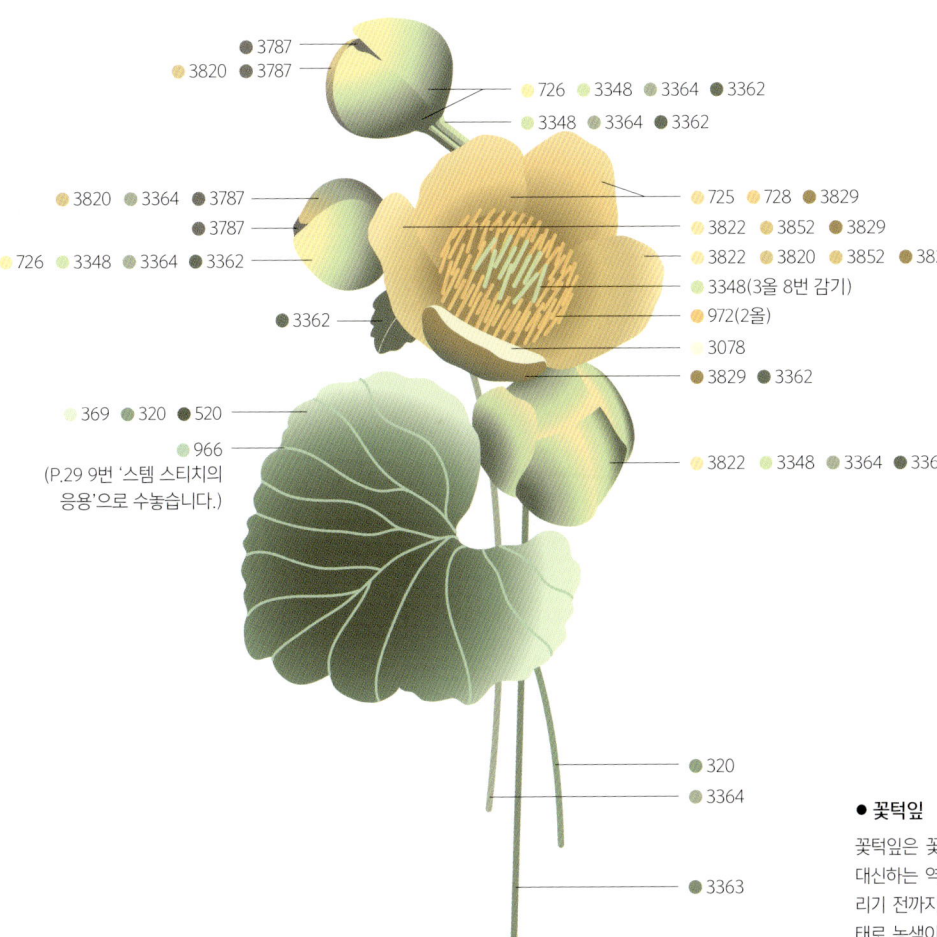

● **꽃턱잎**

꽃턱잎은 꽃잎이 없는 식물의 꽃잎을 대신하는 역할을 합니다. 꽃턱잎이 열리기 전까지는 꽃을 보호하는 비늘 형태로 녹색이나 갈색 등의 모양으로 존재하다가, 비늘 덮개가 열리면서 녹색에서 흰색, 노란색 등으로 변색하여 마치 꽃잎처럼 보입니다. 이것은 꽃을 보호하는 '비늘' 또는 '덮개'지만, '꽃받침'이나 '꽃턱잎萼片'이라는 이름으로 부르는 것이 옳은 표현입니다.

동의나물 151

수놓는 법

꽃턱잎

롱 앤드 쇼트S로 먼저 말려 있는 부분부터 ●3078로 수놓은 뒤, ●3829와 ●3362로 음영을 표현해줍니다. 그 다음 겹쳐져 있는 면을 비교하여 위에 있는 면부터 차례로 수놓습니다.

꽃술

●3348 3올을 8번 감아 불리온S 하고, ●972 2올로 스트레이트S 하여 입체감 있게 꽃술을 표현합니다. 불리온S 할 때는 시침용 긴 바늘을 사용하면 편리합니다.

꽃봉오리

롱 앤드 쇼트S로 노란색과 초록색의 경계가 자연스럽게, 조금 긴 땀으로 꽃봉오리를 수놓습니다. (오른쪽 아래의 '동의나물 꽃봉오리' 이미지 참고)

잎맥, 잎

●966으로 P.29 9번 '스템 스티치의 응용'을 참고하여 잎맥을 수놓은 다음 롱 앤드 쇼트S로 그러데이션을 살려 잎을 수놓습니다.

줄기

나란히 스템S를 3줄 수놓아 완성합니다.

동의나물 프레임 파우치
완성 크기: 가로 21cm, 세로 12cm | 프레임 크기: 가로 16cm, 세로 9.5cm

동의나물

오렌지재스민

상큼한 오렌지향과 재스민향이 함께 난다고 하여, 붙여진 이름이라고 합니다. 여러 개의 꽃망울이 여기저기 달리고, 몽글몽글 피어날 준비를 하여 보는 이의 기대감이 부풀어 오를 때 곧이어 팝콘처럼 예쁜 꽃이 팡팡 피어납니다. 반짝반짝 광택이 있는 다원형의 풍성한 잎사귀는 사철 푸르고, 조건이 잘 맞으면 연중 꽃을 피웁니다.

수놓는 순서

1 꽃잎 : 롱 앤드 쇼트S
2 꽃술 : 스트레이트S, 프렌치 노트S(1올 2번 감기, 2올 2번 감기)
3 꽃봉오리 : 스템S
4 잎 : 롱 앤드 쇼트S, 새틴S(작은 잎)
5 줄기 : 스템S

실 번호

- 2
- 165
- 307
- 367
- 470
- 890
- 895
- 904
- 905
- 906
- 986
- 989
- 3347
- 3865

오렌지재스민 155

수놓는 법

꽃잎
롱 앤드 쇼트S로 꽃잎을 수놓습니다. 꽃잎의 색이 흰색이므로 색이 있는 천에 수놓습니다.

줄기
●989로 스템S 하여 줄기를 수놓아 마무리합니다.

꽃술
꽃술내는 ○3865로 스트레이트S 하고, 수술은 ●307 1올로 2번 감아 프렌치 노트S 합니다. 이어서 암술은 그대로 ●307 실을 잡아당겨 2올로 만들어 2번 감아 프렌치 노트S 합니다.

꽃봉오리
꽃봉오리는 ●165로 먼저 스템S 한 뒤, ●989와 ●3347로 깊이감을 주며 스템S 합니다. ●906 1올로 2번 감아 꽃봉오리 근처의 작은 꽃망울을 프렌치 노트S 하고, 이어진 가는 줄기는 스트레이트S 합니다.

잎
2가지 색을 사용하여 잎을 롱 앤드 쇼트S 하는데 바깥에서 잎맥 쪽으로 사선 방향으로 수놓습니다. 하단의 작은 잎 3개는 ●989로 새틴S 합니다.

오렌지재스민 157

프리지어

프리지어는 봄의 시작을 알리는 졸업과 입학 시즌의 대표적인 꽃입니다. 봄이 되면 프리지어 한 다발을 사서 꽃병에 꽂아두고 싶어져요. 화사한 노란빛은 공간을 더 환하게 만들어주고 달콤한 향기는 기분을 좋게 합니다. 축하의 의미가 오래 기억되도록 말이 빈 은 꽃다발 속 프리지어를 수놓았습니다.

수놓는 순서

1 꽃잎 : 롱 앤드 쇼트S
2 꽃술 : 롱 앤드 쇼트S
3 꽃봉오리 : 롱 앤드 쇼트S
4 꽃받침 : 롱 앤드 쇼트S
5 줄기 : 스템S

실 번호

- 16
- 307
- 368
- 500
- 725
- 726
- 727
- 728
- 742
- 907
- 976
- 987
- 988
- 3078
- 3345
- 3820
- 3865
- 3889

(445로 대체가능)

프리지어

수놓는 법

꽃잎

꽃잎이 서로 복잡하게 붙어 있으므로 위에 있는 꽃잎부터 차근차근 롱 앤드 쇼트 S로 수놓습니다. 실 번호와 그러데이션 방향을 잘 확인하며 꽃잎의 중심부로 갈수록 어둡게 수놓습니다.

꽃술

● 368로 롱 엔드 쇼트S 합니다.

꽃봉오리, 꽃받침

롱 앤드 쇼트S로 줄기에 가까울수록 진한 색상으로 꽃봉오리와 꽃받침을 수놓습니다.

줄기

● 987과 ● 988로 나란히 스템S 하여 줄기를 수놓습니다.

프리지어 161

목련

목련은 이른 봄에 잎이 나기 전에 꽃을 먼저 피웁니다. 꽃이 활짝 피기 전 봉오리일 때 채취해 차로 마시기도 하는데, 자목련은 독이 있어 흰 목련만 차로 음용합니다.
한 번은 금방 딴 목련 꽃봉오리를 우려 마신 적이 있있는데, 찻물에 꽃잎을 넣자마자 진하게 퍼지는 향에 함께 있던 모두가 탄성을 질렀던 기억이 납니다.
꽃도 예쁘지만 나뭇가지에 새로 막 돋아나는 꽃눈 또한 예쁩니다. 꽃샘추위에 털 스웨터를 걸치고 있는 듯한 꽃봉오리의 모습도 매력적이죠.
꽃봉오리의 꽃받침을 스템 스티치로 수놓은 후 스트레이트 스티치로 솜털을 터치하듯 수놓아보세요. 목련 꽃봉오리의 특징이 더 잘 살아납니다.

수놓는 순서

1 꽃잎 : 스템S, 롱 앤드 쇼트S
2 꽃받침 : 스템S, 스트레이트S
3 가지 : 스템S
4 잎 : 새틴S
5 꽃눈 : 롱 앤드 쇼트S

실 번호

- 523
- 543
- 613
- 712
- 772
- 822
- 839
- 840
- 3364
- 3781
- 3782
- 3790
- 3862
- 3863
- 3865

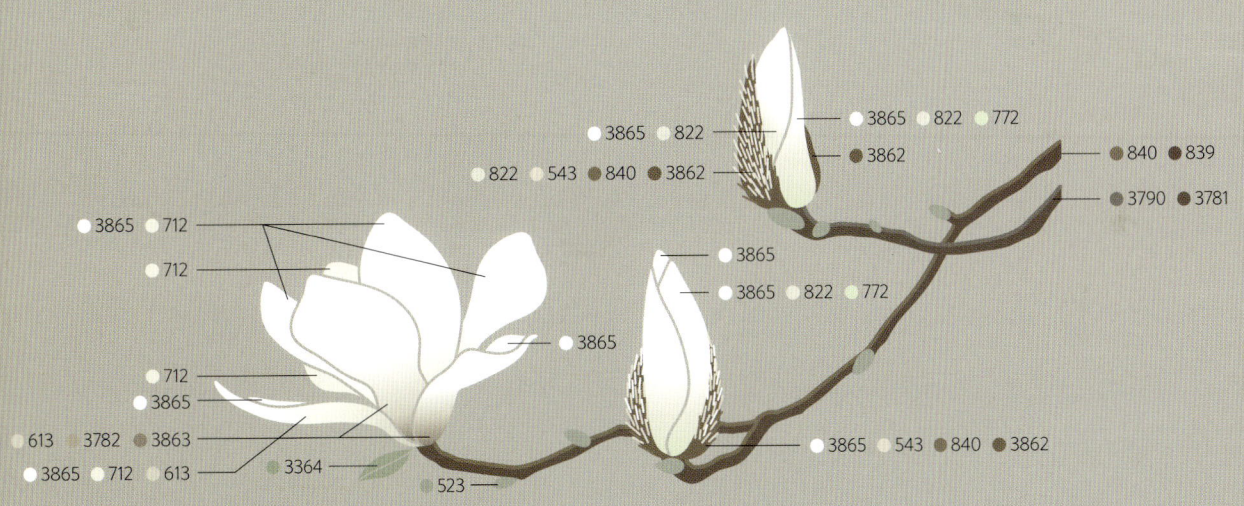

목련

수놓는 법

꽃잎

꽃잎의 넓은 면은 스템S로, 작은 면은 롱 앤드 쇼트S로 꽃받침에 가까울수록 어둡게 수놓습니다. 꽃봉오리의 꽃잎도 같은 방법으로 수놓습니다.

꽃눈

●523으로 롱 앤드 쇼트S 하여 가지 위에 돋아난 꽃눈을 수놓아 완성합니다.

꽃받침

꽃봉오리 꽃받침은 ●3862로 스템S하여 면 전체를 모두 메우고, 그 위에 컬러 도안의 실색을 참고하여 스트레이트S로 터치하듯 섞어 수놓아 솜털을 표현합니다. (오른쪽 아래의 '목련 꽃받침' 이미지 참고)

가지

빛을 받는 가지의 윗부분은 ●840으로, 아랫부분은 ●839로 나란히 스템S 합니다. 짧은 가지는 ●3790과 ●3781 색실을 사용하여 같은 방법으로 수놓습니다.

잎

●3364로 새틴S 하여 큰 꽃 아래의 작은 잎을 수놓습니다.

목련

금낭화

금낭화는 아름다운 주머니 모양을 닮았다고 해서 붙여진 이름입니다. 영명인 'Bleeding Heart'는 심장에서 피가 떨어지는 듯한 붉은 꽃들의 모습에서 이름이 지어졌다고 합니다.

이름의 유래에서 볼 수 있듯이 꽃의 모양이 주머니 같기도 하트 모양 같기도 한 매우 독특한 모양의 꽃입니다. 꽃은 5~6월에 담홍색으로 피는데, 줄기를 따라 아래에서 위쪽으로 올라가며 주렁주렁 달립니다.

꽃과 잎은 수놓기 까다로워 난이도가 높은 도안입니다. 돌기 모양의 꽃잎이 본 잎에 닿지 않게 주의하며 각기 다른 모습으로 재미있게 달린 꽃을 수놓아보세요.

수놓는 순서

1 잎 : 롱 앤드 쇼트S
2 줄기 : 스템S
3 꽃잎, 꽃술 : 롱 앤드 쇼트S

실 번호
● 315
● 522
● 601
● 602
● 603
● 904
● 936
● 951
● 986
● 987
● 988
● 3345
● 3346
● 3347
● 3362
● 3363
● 3364
● 3722
● 3778
● 3822
● 3835
○ 3865

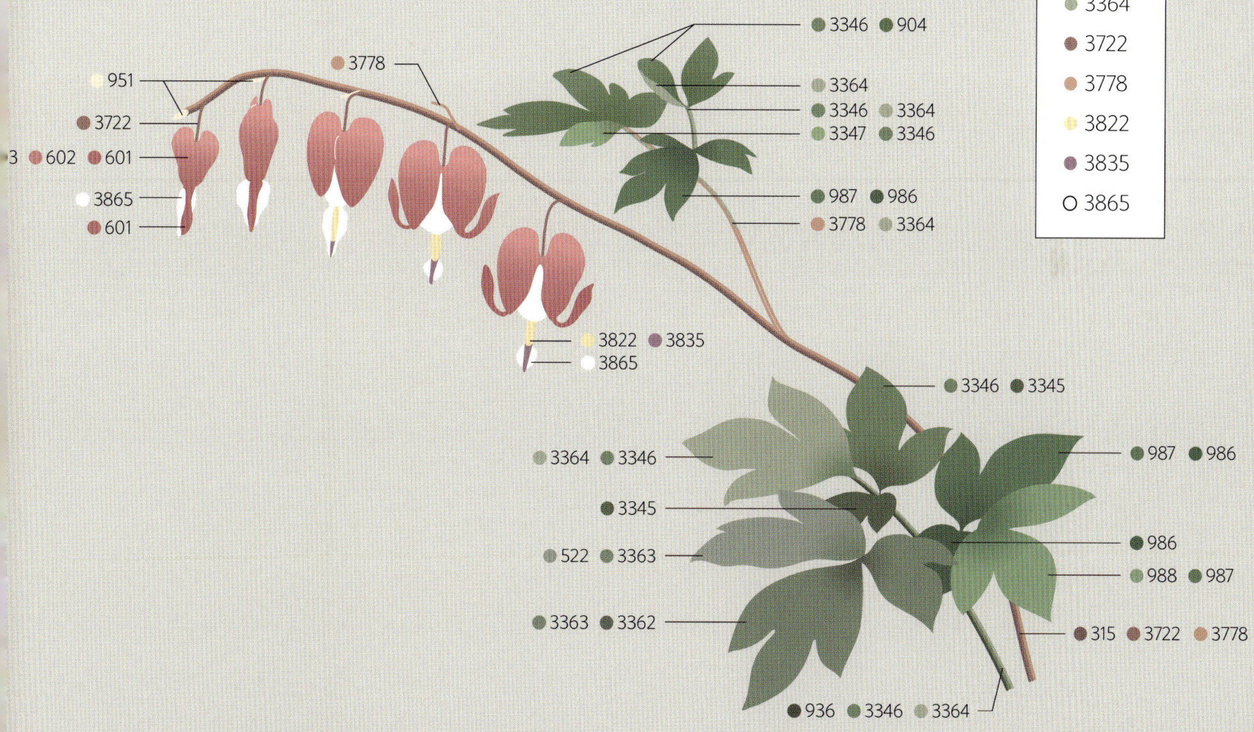

금낭화

수놓는 법

잎

겹쳐져 있는 잎들을 비교하여 위에 있는 잎부터 순서대로 수놓습니다. 잎의 뾰족한 바깥부터 중심 쪽으로 롱 앤 드 쇼트S 합니다. 잎의 어둡고 밝은 부분을 살려 입체감을 살려줍니다. (아래의 '금낭화 잎 수놓기' 참고)

줄기

스템S로 굵은 줄기부터 수놓고, 이어서 꽃과 연결된 가는 줄기도 수놓습니다.

꽃잎, 꽃술

담홍색의 꽃잎에서 아래로 내려가며 꽃술까지 롱 앤 쇼트S로 수놓습니다. 이때 좌측부터 4번째와 5번째 꽃의 양쪽으로 삐져나와 있는 돌기 모양의 꽃잎이 본 잎에 닿지 않게 주의하며 수놓습니다. (아래의 '금낭화 꽃잎' 이미지 참고)

금낭화 잎 수놓기

안내선을 그려서 한쪽씩 따로 그러데이션하면 전체적인 느낌을 맞추기가 편리합니다.

❶

❷

❸

❹

❺

❻

돌기 모양의 꽃잎

금낭화 꽃잎

금낭화 169

매화

매화는 사군자에서 봄의 대명사이며, 선비의 꽃으로 여겨졌습니다. 멀리서 보면 벚꽃과 혼동하기 쉽지만 매화는 이른 봄에 가장 일찍 핍니다. 아직 주변이 춥고 황량한데 홀로 피어있다면 매화일 확률이 높습니다. 매화는 꽃잎이 더 둥글고 벚꽃은 꽃잎 끝에 작은 홈이 있습니다. 매화와 벚꽃을 구별하기 가장 쉬운 방법은 꽃자루를 보면 알 수 있어요. 꽃자루가 길면 벚꽃, 꽃자루가 없이 가지에 바짝 붙어 있으면 매화입니다. 또 살구꽃과도 구별하기 어려운데, 매화와 비교하면 살구꽃의 꽃잎에 분홍빛이 더 돕니다. 살구꽃은 활짝 피면 꽃받침이 뒤로 젖혀지는 반면, 매화는 활짝 핀 꽃에 꽃받침이 젖혀지지 않고 붙어 있습니다. 이러한 매화의 특징을 잘 살려 수놓아보세요. 매화는 이들 중에서 향기도 가장 짙답니다.

수놓는 순서

1 꽃잎 : 롱 앤드 쇼트S
2 꽃술 : 프렌치 노트S(1올 2번 감기)
3 가지 : 스템S
4 꽃받침 : 레이지데이지S+스트레이트S, 롱 앤드 쇼트S
5 꽃봉오리 : 롱 앤드 쇼트S

실 번호

- 6
- 223
- 3722
- 3820
- 3865
- ★ 4000

매화

수놓는 법

꽃잎

롱 앤드 쇼트S로 꽃잎을 수놓습니다. 이때 활짝 핀 꽃 2송이는 ●223으로 길게 스트레이트S를 넣어줍니다. (아래의 '활짝 핀 꽃잎 수놓기'와 오른쪽 '왼쪽 꽃잎 수놓기' 참고)

꽃술

●3820 1올로 2번 감아 프렌치 노트S 합니다.

가지

베리에이션사 ★4000으로 스템S 하여 가지에 풍부한 색감을 더합니다.

꽃받침

롱 앤드 쇼트S로 꽃받침을 수놓습니다. 작은 꽃봉오리의 꽃받침은 레이지데이지S를 한 뒤, 그 위에 스트레이트S로 덮어 빈 부분을 메워줍니다. 아주 작은 꽃받침은 레이지데이지S만 합니다. (오른쪽 '작은 꽃받침 수놓기' 참고)

꽃봉오리

미리 수놓은 꽃받침을 침범하지 않게 주의하여 롱 앤드 쇼트S로 꽃봉오리의 꽃잎을 수놓아 완성합니다.

활짝 핀 꽃잎 수놓기

①

②

③

④

⑤

왼쪽 꽃잎 수놓기

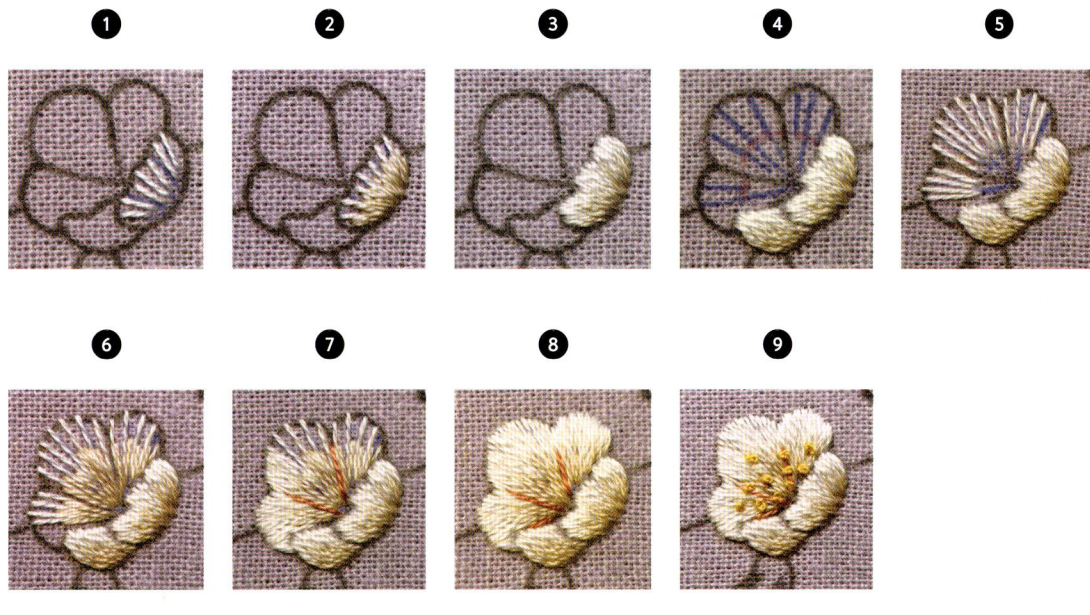

작은 꽃받침 수놓기

1 레이지데이지S 합니다.
2 스트레이트S로 덮어줍니다.
3 완성

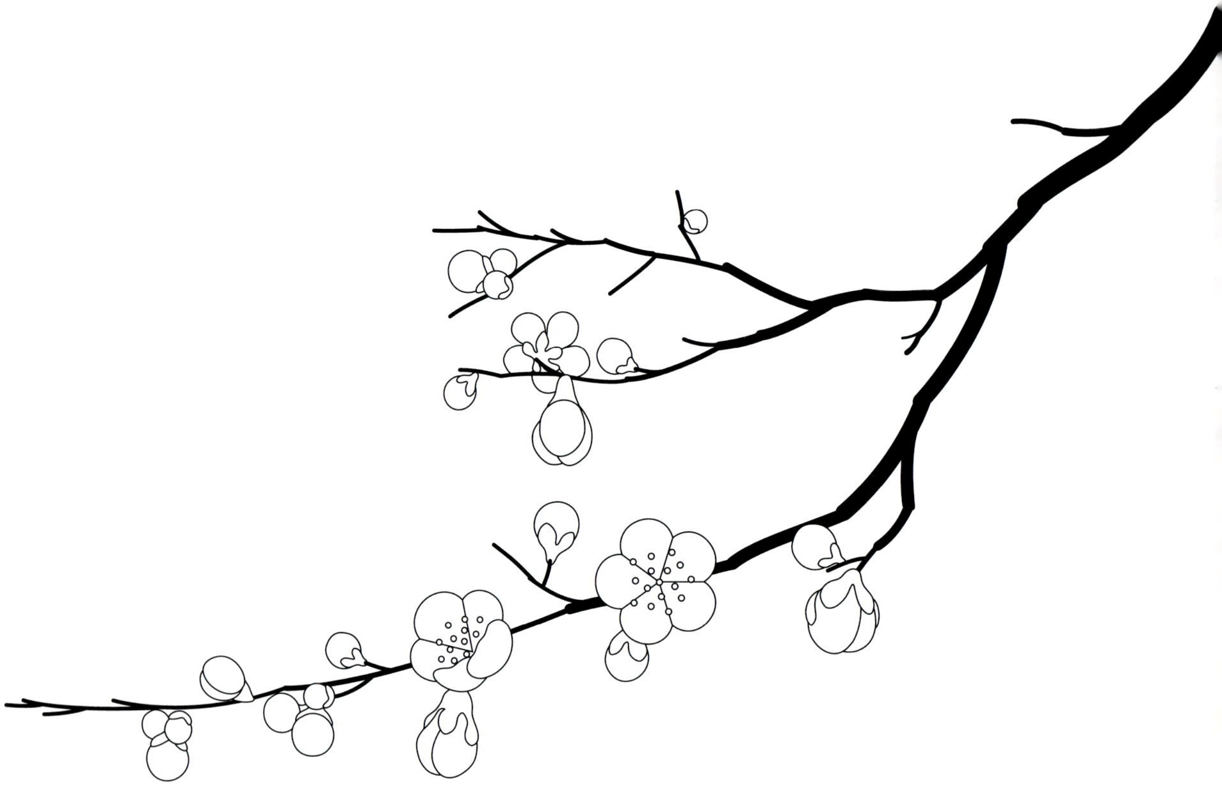

매화 175

자운영

자줏빛 구름 같은 꽃이라 하여 '자운영紫雲英'이라고 부릅니다. 붉은빛을 띤 자주색 꽃이 4~6월에 피는데 마치 나비가 날아와 모여 앉은 듯한 모습입니다. 꽃이 만개하면 주변이 온통 자줏빛으로 장관을 이룹니다. 여러 개의 꽃잎이 붙어 있고 각각의 꽃잎에 모두 그러데이션이 들어가 꽃잎을 수놓기가 까다로운 도안입니다. 마음의 여유를 가지고 위에 있는 꽃잎부터 차례로 수놓아보세요. 한 송이만 수놓아도 좋습니다. 여러 개의 잎을 수놓으며 새틴 스티치를 연습하기에도 좋습니다.

수놓는 순서

1 줄기 : 스템S
2 잎 : 새틴S
3 꽃잎 : 롱 앤드 쇼트S
4 꽃술 : 스템S, 프렌치 노트S(1올 2번 감기), 시딩S(2올)
5 꽃받침 : 롱 앤드 쇼트S

실 번호

- 320
- 367
- 368
- 561
- 562
- 563
- 728
- 895
- 966
- 989
- 3022
- 3032
- 3364
- 3607
- 3608
- 3609
- 3722
- 3859
- 3860
- 3861
- ○ 3865

● 실물 도안 90%

자운영

수놓는 법

줄기

꽃과 연결된 줄기는 아래에서 위로 자연스럽게 그러데이션이 되도록 스템S 합니다. ●966과 ●368을 나란히 스템S 하여 잎줄기도 수놓습니다.

잎

새틴S로 잎 끝부분의 각기 다른 모양을 살려 수놓습니다.

꽃잎

꽃잎이 매우 복잡하게 붙어 있습니다. 롱 앤드 쇼트S로 위에 있는 꽃잎부터 차례로 수놓습니다. 각각의 꽃잎을 바깥쪽에서 중심 방향으로 수놓습니다. 모든 잎이 ○3865, ●3609, ●3608, ●3607 이 4개의 색 범주 안에서 색을 사용하지만 각 꽃잎마다 그러데이션 포인트가 서로 다릅니다. 한 단계씩 색이 빠지는 잎도 있습니다. 컬러 도안과 수놓은 사진을 비교하여 그러데이션의 포인트를 살려 수놓습니다.

꽃술

수술대는 ○3865로 스템S 하고, 수술은 ●728 1올로 2번 감아 프렌치 노트S 합니다. 단, 맨 위에 있는 꽃의 수술은 ●728 2올로 시딩S 합니다.

꽃받침

롱 앤드 쇼트S로 꽃받침을 수놓은 다음 ●989로 꽃자루를 수놓습니다.

꽃무릇

꽃말은 '이룰 수 없는 사랑'입니다. 잎과 꽃이 피는 시기가 달라 서로 만나지 못한다고 하여 붙여진 꽃말입니다. 꽃말에서는 쓸쓸한 그리움이 느껴지지요. 9월 중순경이면 빨갛게 타오르듯 무리 지어 피어서 장관을 이룹니다. 수술의 모양은 마치 마스카라를 발라 곱게 치켜 올린 긴 속눈썹 같기도 하고, 우아하게 손을 뻗어 춤을 추는 모습 같기도 합니다. 꽃잎이 복잡한 구조로 얽혀 있어 다소 어려워 보이지만, 위에 있는 꽃잎부터 하나하나 수놓다 보면 어려운 문제의 실마리를 찾아 점차 풀어가는 것처럼 성취감을 느낄 수 있습니다. 시간을 갖고 천천히 수놓아보세요.

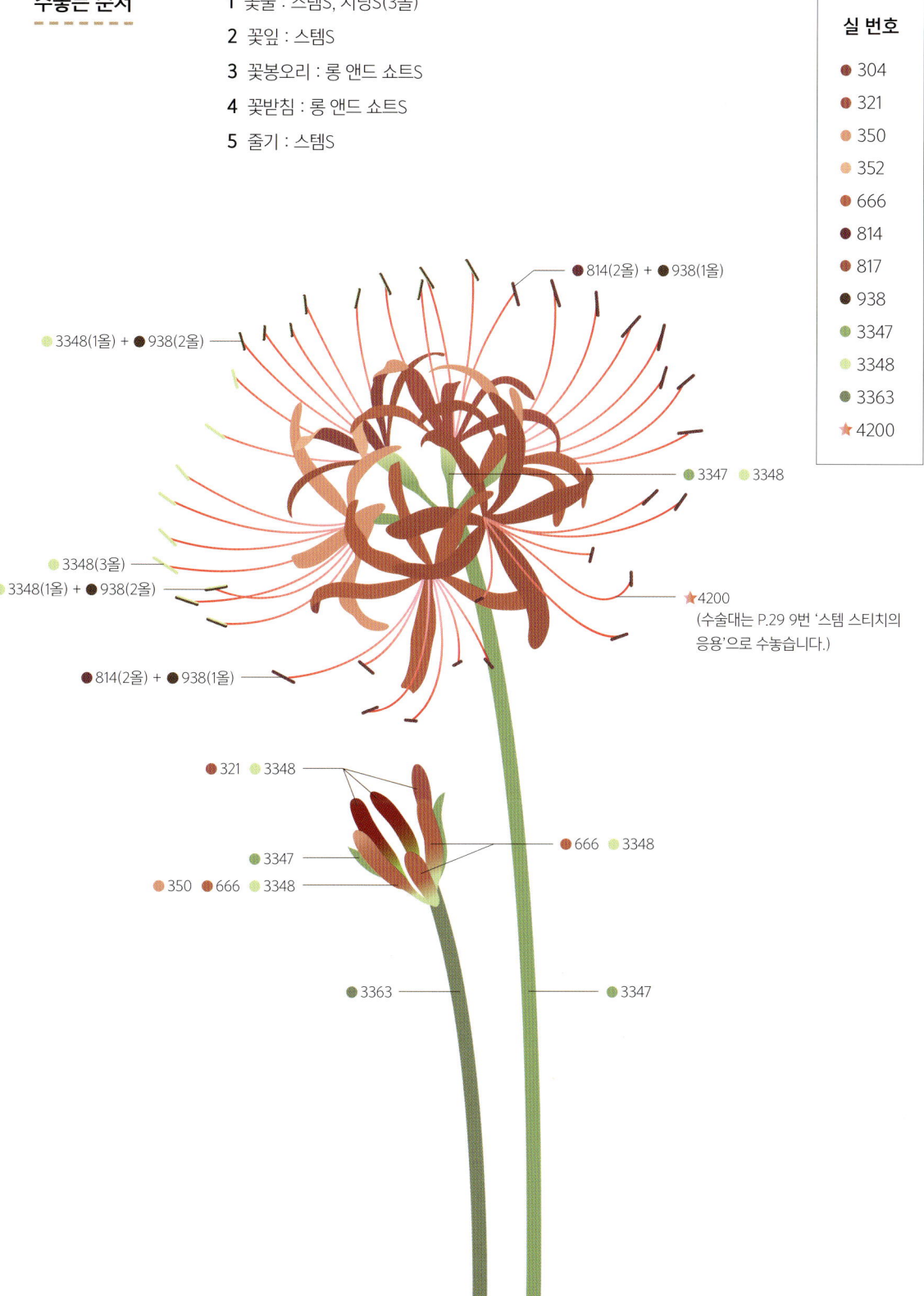

수놓는 법

꽃술

수술대는 ★4200 베리에이션사의 필요한 색감 부분을 잘라서 P.29 9번 '스템 스티치의 응용'으로 수놓습니다. 수술은 컬러 도안을 참고하여 2가지 색을 조합해서 3올을 만들어 시딩S 합니다. 3올로 수놓을 때는 자수용 바늘 6호를 사용하면 좋습니다.

꽃잎

실 번호가 적혀 있는 확대된 컬러 도안을 보고 위에 있는 꽃잎부터 차례로 스템S 합니다. (아래의 '꽃무릇 꽃잎 상세도안' 참고)

꽃봉오리, 꽃받침

롱 앤드 쇼트S로 꽃봉오리와 꽃받침을 수놓습니다.

줄기

나란히 스템S 하여 줄기를 수놓아 완성합니다.

꽃무릇 꽃잎 상세도안

겹쳐져 있는 면은 서로 비교하여 위에 있는 꽃잎부터 수놓습니다.
★표시되어 있는 ●817 잎을 시작으로 수놓아도 좋습니다.

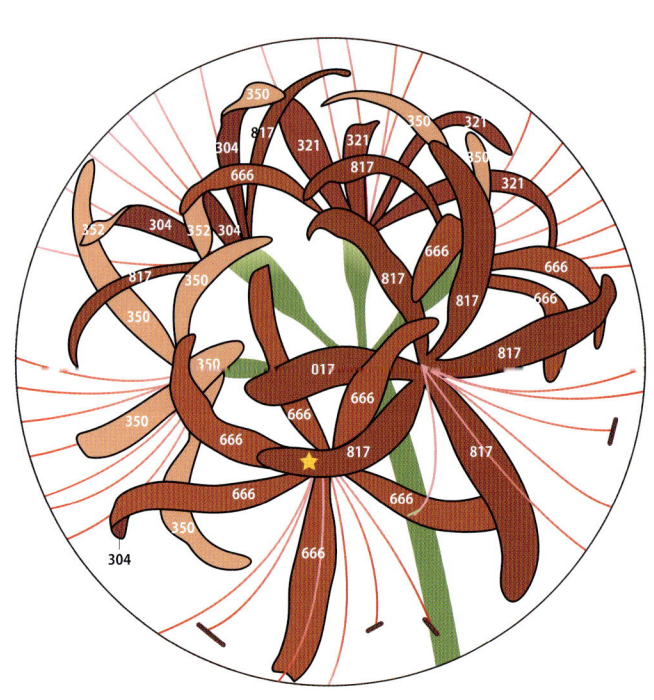

꽃무릇

개나리

봄을 대표하는 꽃나무인 개나리는 공원이나 길가에서 흔히 볼 수 있습니다. 가지가 사방으로 길게 뻗어 나와 무수히 많은 노란 꽃을 달고, 세상을 온통 황금빛으로 물들입니다. 우리의 마음을 환하게 밝히고 희망과 기대감으로 부풀게 하죠. 삐악삐악 병아리처럼 귀여운 모습의 개나리를 수놓아보세요. 작은 꽃 몇 송이만 떼어 수놓아도 좋습니다.

수놓는 순서

1 가지 : 스템S
2 꽃잎 : 롱 앤드 쇼트S
3 꽃술 : 프렌치 노트S(1올 2번 감기)
4 꽃받침, 잔가지 : 롱 앤드 쇼트S, 스템S
5 잎 : 롱 앤드 쇼트S

실 번호
- 470
- 725
- 726
- 727
- 783
- 987
- 3781
- 3790
- 3820
- 3863

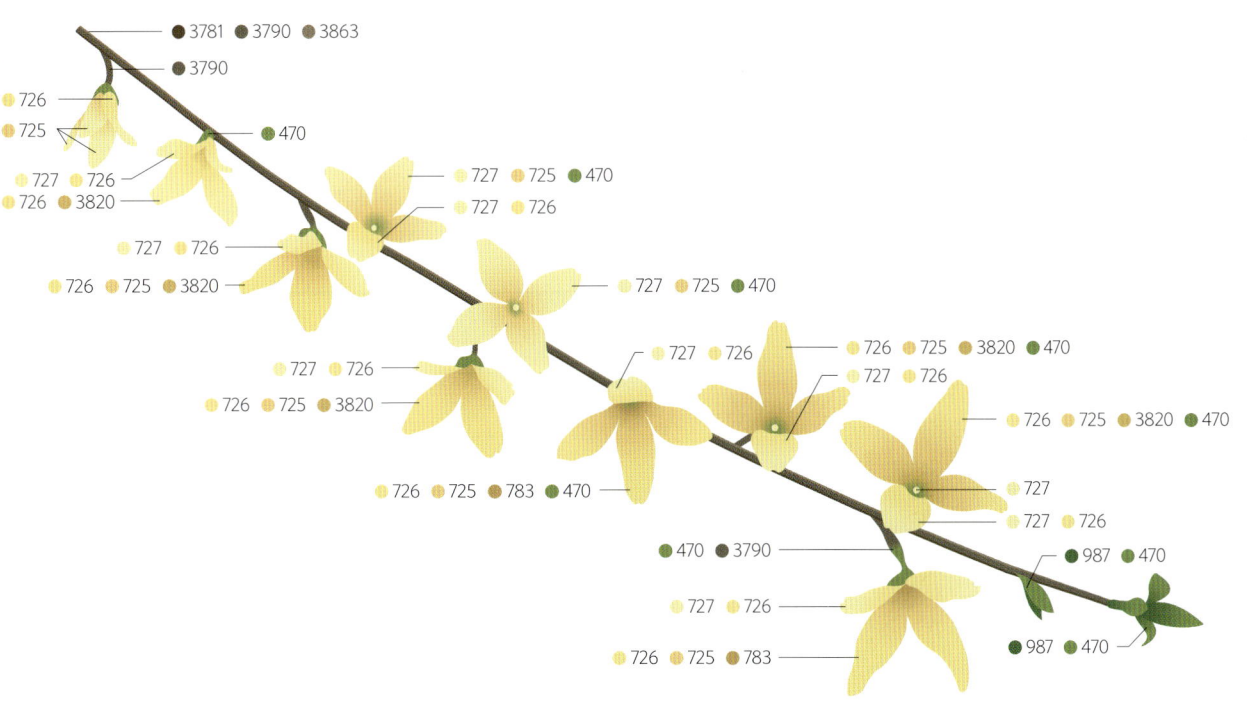

개나리

수놓는 법

가지
●3781, ●3790, ●3863을 나란히 스템S 하여 가지를 수놓습니다.

꽃잎
롱 앤드 쇼트S로 꽃의 중심으로 갈수록 어둡게 표현해 줍니다.

꽃술
●727 1올로 2번 감아 프렌치 노트S 하여 꽃술을 수놓습니다.

꽃받침, 잔가지
꽃받침과 잔가지는 롱 앤드 쇼트S와 스템S로 이어서 수놓습니다.

잎
롱 앤드 쇼트S로 위에 있는 잎부터 수놓습니다.

활용 도안

개나리 프레임 파우치
완성 크기 : 가로 약10cm, 세로 약11cm | 프레임크기 : 가로 9cm, 세로 5.5cm
개나리 브로치
대 : 지름 4cm, 중 : 지름 3.5cm, 소 : 가로 3.2cm, 세로 2.5cm

명자나무

화려했던 봄꽃들의 잔치가 끝나갈 무렵, 우리의 아쉬움을 달래듯 꽃을 피우는 명자나무는 선명한 붉은빛의 올망졸망한 모습이 매우 사랑스럽습니다. 사람 이름 같기도 한 이 꽃을 '아가씨나무'라고도 부릅니다.
꽃과 잎이 가지에 복닥복닥 피어 있어 완성하는 데 시간이 걸리는 도안입니다. 서로 겹쳐져 있는 꽃잎의 색을 잘 구분하여 실 번호에 맞게 수놓아주세요.

수놓는 순서

1 가지 : 스템S
2 꽃잎 : 롱 앤드 쇼트S
3 꽃술 : 스트레이트S, 프렌치 노트S(2올 1번 감기)
4 꽃받침 : 롱 앤드 쇼트S
5 잎 : 새틴S

실 번호
● 321
● 349
● 350
● 351
● 611
● 704
● 815
● 838
● 839
● 904
● 905
● 3045
● 3345
● 3347
● 3770
● 3820

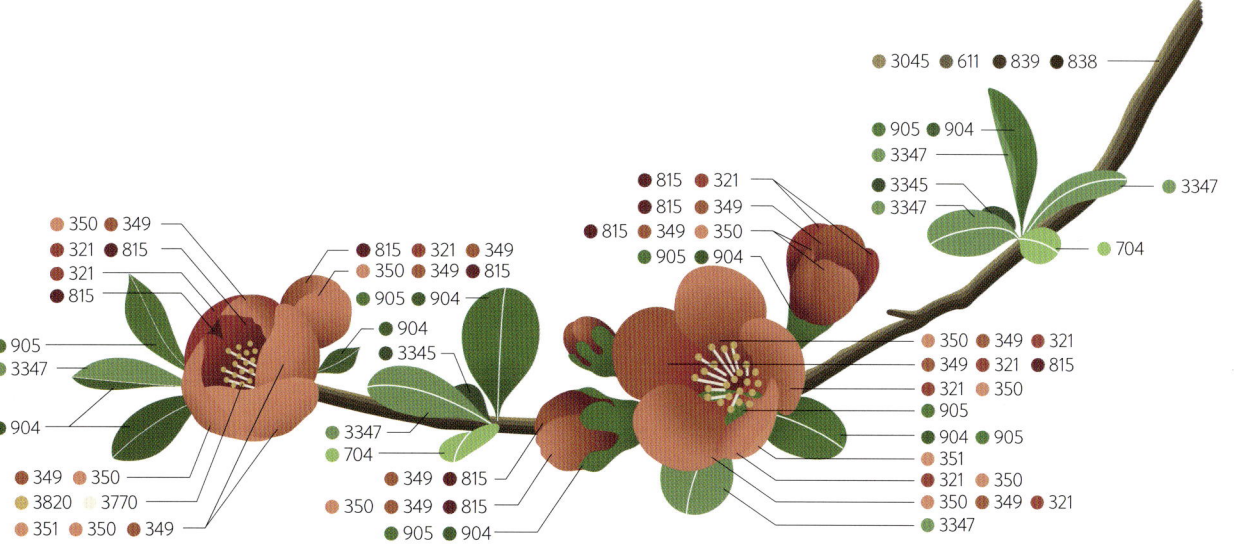

명자나무

수놓는 법

가지

●838 → ●839 → ●611 → ●3045 순서로 나란히 스템 S 합니다. 가지의 울퉁불퉁하게 꺾이는 부분을 잘 살려 수놓습니다.

꽃잎

롱 앤드 쇼트S로 겹쳐져 있는 꽃잎의 색을 잘 구분하여 실 번호에 맞게 수놓습니다.

꽃술

수술대는 ○3770으로 스트레이트S 하고, 수술은 ●3820 2올로 1번 감아 프렌치 노트 S로 수놓습니다.

꽃받침

●905와 ●904로 롱 앤드 쇼트S 하여 꽃받침을 모두 수놓습니다.

잎

새틴S로 잎을 수놓아 완성합니다.

명자나무 193

활용 도안

실 번호
● 321
● 349
● 350
● 351
● 704
● 815
● 904
● 905
● 3770
● 3820

명자나무 브로치 가로 4.8cm, 세로 3.5cm

황매화

활짝 핀 모습이 매화를 닮았다 하여 황매화라고 부릅니다. 황매화는 잎과 꽃이 함께 피어나는 봄꽃입니다.
어느 봄날 동네 산책길에서 황매화를 만났습니다. 꽃잎과 잎을 짝 펴고 줄지어 피어 있는 모습이 마치 부채춤을 추는 것 같아서 걸음을 멈추고 한참을 바라보았습니다. 꽃잎과 같은 색인 꽃술도 예쁘고 종이를 접어 오린 것 같은 잎 또한 인상적입니다.
사랑스러운 황매화를 수놓아보세요. 노란색 꽃은 다른 색의 꽃보다 그러데이션하기에 비교적 수월합니다. 각각의 꽃잎이 서로 붙지 않게 여백을 주는 것에만 신경 쓴다면 생각보다 까다롭지 않은 도안입니다.

수놓는 순서

1 꽃잎, 꽃봉오리 : 롱 앤드 쇼트S
2 꽃술 : 스트레이트S, 프렌치 노트S(1올 2번 감기)
3 꽃받침 : 롱 앤드 쇼트S
4 잎 : 새틴S(2올)
5 가지 : 스템S

실 번호

- 725
- 727
- 728
- 3346
- 3347
- 3362
- 3364
- 3852

황매화

수놓는 법

꽃잎, 꽃봉오리

2개의 흑백 도안 중 꽃술이 없는 흑백 도안을 천에 옮겨 그립니다. 꽃술이 있는 흑백 도안은 꽃술을 수놓을 때 참고합니다. 중심부로 갈수록 진하게 롱 앤드 쇼트S 합니다. 이때 각각의 꽃잎이 서로 붙지 않게 사이에 1mm 정도 여백을 줍니다. 진한색 천에 수놓을 때는 흑백 도안에서 꽃 중심의 원 안은 수놓지 않고, 그 위에 꽃술을 수놓으면 꽃을 더 깊이감 있게 표현할 수 있습니다. ●3852로 원 안을 모두 메워도 좋습니다. (오른쪽 아래의 '진한 천에 수놓기'와 '밝은 천에 수놓기' 참고)

꽃술

꽃술은 ●727 1올로 2번 감아 프렌치 노트S 하고, 큰 꽃 2개는 사이사이 스트레이트S를 넣어 꽃술대를 만들어 줍니다.

꽃받침

짧은 땀으로 롱 앤드 쇼트S 합니다.

잎

2올로 새틴S 하여 잎을 수놓습니다.

가지

스템S로 가지를 수놓아 완성합니다.

진한 천에 수놓기

밝은 천에 수놓기

황매화

활용 도안

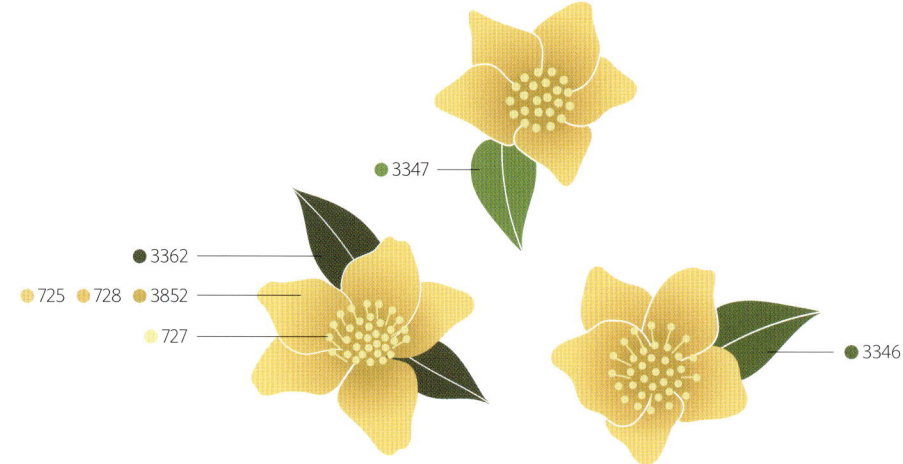

실 번호
● 725
● 727
● 728
● 3346
● 3347
● 3362
● 3852

맨 마지막 도안은 프레임 파우치 뒷면 하단에 들어간 도안입니다.

황매화 프레임 파우치

완성 크기 : 가로 약13cm, 세로 약14cm | 프레임 크기 : 가로 11cm, 세로 13cm

황매화

나의 작업실 이야기

저는 여러 가지 취미를 즐겨 하시던 어머니 곁에서 어릴 때부터 바늘과 실을 가지고 놀거나 뭔가를 만들고 그리며 노는 것을 좋아했어요.
육아를 할 때는 아이의 관심사에 따라 제가 즐기면서 창작할 수 있는 것들을 만들었습니다. 인형 옷과 인형놀이에 관한 소품, 아이와의 티타임에 필요한 티코스터, 아이의 옷 등 저의 취미는 아이의 성장에 따라 계속해서 달라졌어요.
아이가 공부에 집중해야 할 나이가 됐을 때, 오롯이 저만을 위한 취미를 찾게 되었습니다. 그게 바로 자수예요.

수놓는 시간은 무엇보다 제게 즐거움을 줍니다. 하나하나 자수에 대해 알아가는 과정이 무척 재밌습니다. 그래서 가끔 엉뚱한 길로 빠지기도 해요. 떨어진 재료를 구입하려다가 새로 나온 도구를 발견하면 재료 구입은 뒷전이고 그 도구에 대해 더 알아본다든가, 새로 수놓을 꽃의 자료를 찾아보다가 또 다른 꽃을 보고는 그 꽃으로 빠진다든가 하는 등 말이에요. 꽃과 자수에 대해 알아가는 일에는 끝이 없는 것 같습니다.

물건을 살 때나 경제적으로 비용이 발생할 때 제가 가장 먼저 생각하는 것이 있습니다. 이것이 내게 얼마만큼의 행복을 주는가입니다. 저는 제게 만족감을 주는 것에 더 큰 가치를 두는 편입니다. 나를 행복하게 하는 일에는 물론 비용만큼이나 시간과 공을 들이는 것도 중요하다고 생각해요.
내가 무엇을 좋아하는지 잘 알고 있다는 점이 저의 큰 장점입니다. 그로 인해 자족하는 일상을 살고 있는 지금이 참 좋습니다. 이런 저의 생각을 많이 지지해주는 가족들에게 늘 고마운 마음을 갖고 있어요.

거실 베란다 한구석에 자수 도안을 그리는 공간을, 작은방에는 수를 놓는 작업 공간을 만들었습니다. 작은방은 원래 아이의 책이 잔뜩 쌓여있던 서재였어요. 자수에 관한 물건들이 하나둘씩 들어차면서 온전한 제 작업실이 되었습니다. 엄마가 이 방을 점점 잠식해 들어가더니 이제는 독차지해버렸다고 딸이 가끔 웃으며 얘기해요. 원래 물건을 쌓아두고 사용하지 않았던 방이라서 가족들 모두 별말 없이 이 방을 제게 내어 주었습니다.

저는 주로 컴퓨터와 아이패드를 사용하여 도안을 그립니다. 그래픽디자이너였기 때문에 디지털 작업이 제게는 꽤 익숙합니다. 제가 만든 도안은 모두 디지털 작업을 하여 만든 것입니다. 그렇게 만들어진 도안을 출력하여 파일에 차곡차곡 보관하고 있어요.

저의 도안은 주로 일상 속에서 만나는 꽃과 식물이 소재가 됩니다. 꽃을 좋아하셨던 어머니 덕에 꽃과 나무가 가득한 마당이 있는 집에서 자랐어요. 식물을 좋아했지만 특별히 관심을 두지는 않았어요. 그런데 수를 놓기 시작하며 창작 도안을 그리기 위한 소재로 어떤 게 좋을까 생각해 보았을 때 꽃이 떠올랐습니다. 창작을 할 때 제일 고심하는 부분 중 하나가 바로 소재잖아요. 꽃은 어디에나 있고 쉽게 접할 수 있어서 자연스레 다음 작품의 소재를 떠올리기가 수월합니다.

꽃이 좋아 꽃을 수놓았다기보다 수를 놓다 보니 꽃이 좋아졌습니다. 관심을 갖고 보니 전에는 보이지 않던 꽃들이 조금씩 보이기 시작했어요. 수를 놓게 되면서 길을 걸을 때 주변을 살피는 버릇이 생겼습니다. 산책길에 만나는 꽃나무와 야생화, 아파트 화단에 때마다 피는 풀꽃들, 기념일에 받은 꽃다발, 집에 꽂아 둔 화병의 꽃 등 수놓고 싶은 꽃들이 제 마음속에서 수놓아지기를 기다리고 있습니다. 아직도 집 근처에 피어 있는 꽃들을 다 수놓지 못했어요.

언젠가 어느 집 담벼락에 흐드러지게 피어 있는 탐스러운 능소화를 보고 '이번 여름에는 꼭 능소화를 수놓아야지!'라고 했지만 어느새 여름이 다 지나버리고 말았습니다. 그러고 나서 내년을 기약했었는데, 몇 해가 가고도 아직도 능소화를 수놓지 못했어요. 수놓고 싶은 꽃을 마음속에 품고 있는 것만으로도 얼마나 행복한 일인지. 수놓으면서도 수놓고 싶은 꽃과 식물들이 머릿속에 맴돕니다.

봄이 오면 가까운 분들에게서 "이 꽃 예쁘지? 한번 수놓아봐."라고 꽃 제보가 이어집니다. 예쁜 꽃을 보면 떠오르는 사람이 저라니 참 행복한 일입니다.

평소에 저는 어떤 꽃을 수놓아야 할지 순서를 정하진 않아요. 그렇게 되면 마치 숙제같아지더라고요. 그저 제 마음이 가는 데로 꽃을 수놓습니다.
계절마다 끊임없이 새로운 꽃들이 피어나는 것을 보면 이런 아름다운 자연을 누리며, 수놓을 수 있음에 늘 감사해하며 하루를 보냅니다.

이렇게 일상에서 수놓고 싶은 소재가 생기면 여러 구도에서 사진을 찍습니다. 그 식물에 대한 자료도 찾아보고, 찍어온 사진과 비교해보며 식물의 구조와 생김새를 자세히 관찰하고는 특징을 살려 도안을 그립니다.
처음에는 예쁜 모습을 그대로 담고 싶어서 욕심껏 도안을 그렸습니다. 그런데 수로 표현하다 보면 이렇게 모조리 그려놓은 요소들이 충돌할 때가 생기더군요. 자연은 무척 섬세하고 복잡 미묘한데 제가 표현해 낼 수 있는 부분에는 한계가 있더라고요. 자세히 들여다보면 어느 하나 신기하고 예쁘지 않은 곳이 없지만 이러한 특징들을 모두 다 표현하려다 보면 오히려 조화롭지 못하고 과하게 느껴질 때가 많아요. 뭐든 강약의 조화가 필요한가 봅니다. 그래서 식물의 얼굴이라 할 수 있는 꽃을 중점적으로 그리고, 잎이나 다른 요소들은 더 단순하게 표현합니다. 출력해서 수를 놓아본 후 너무 작고 세밀해서 수놓기 어려운 부분은 도안을 다시 수정합니다. 이렇게 점점 덜어내고 단순화하는 작업을 합니다. 컴퓨터로 그리기 때문에 도안을 쉽게 수정할 수 있어요. 원하는 도안이 그려지기까지 여러 차례 수놓고 수정하기를 반복합니다.

새로운 도안이 그려지면 컴퓨터로 채색을 합니다. 채색을 하고 나서는 그에 맞는 실색과 원단을 고릅니다. 원단은 한꺼번에 구입하지 않고 다른 재료를 구입할 때 마음에 드는 원단이 보이면 하나씩 구입해 두는 편이에요. 출력한 컬러 도안을 자수실과 원단에 대보며 비교해보고 선택합니다. 원단에 밑그림을 옮기고 수틀에 단단히 매어 수놓을 준비를 마치면 그림이 수로 어떻게 표현될지 기대감에 설렙니다. 완성했을 때의 성취감도 좋지만 저는 수놓기 전의 이 설렘이 참 좋습니다.

커피, 차, 음악, 꽃, 자수는 모두 제가 좋아하는 것들입니다. 수를 놓는 작업은 제가 좋아하는 여러 가지 일들을 함께 할 수 있게 하지요. 따뜻한 차와 함께 음악을 들으며 수를 놓거나, 라디오를 들으며 수를 놓기도 합니다. 요즘은 한참 오디오북을 들으며 수놓는 재미에 빠져 있습니다. 저에게 있어서 수놓는 시간은 좋아하는 일들의 집합이에요. 어떻게 하면 수놓는 시간이 더 편하고 즐거울까를 늘 생각합니다. 여러 가지 도구들을 써보며 편리함을 찾아가는 것도 수놓는 즐거움 중의 하나입니다.

나의 작업실 이야기

어릴 적 엄마의 반짇고리는 보물 상자 같았습니다. 둥근 화문석함이었는데 여러 가지 바느질 도구들이 들어 있어 하나씩 꺼내 보는 재미가 있었어요. 엄마의 반짇고리처럼 제 반짇고리에도 저만의 시간과 이야기가 쌓여 가고 있습니다.

저만의 방식으로 자수실과 도구들을 정리하면 편리하면서도 뭔가 나만의 특별한 것을 갖게 된 기분이 듭니다.
저는 수놓는 흐름을 깨지 않기 위해서 작업 동선을 최소화할 수 있는 나만의 도구함을 만들었어요. 다용도로 사용할 수 있는 트롤리에 보빈의 크기에 맞게 아크릴을 제작해서 자수실을 정리하였습니다. 바퀴가 달려 있어 쉽게 이동할 수 있고, 작업대 바로 옆에 두고 실을 고를 수 있어서 편리해요. 아래 칸에는 자수 도구를 수납했습니다.

자수에 필요한 도구를 칸이 구분되어 있는 상자에 한꺼번에 수납하면 이동과 보관이 편리해서 좋아요. 나만의 도구함이 있으면 수놓는 시간이 더 즐겁고 특별해집니다.
도구함의 한쪽 면에는 다 써가는 자수실 번호를 적어 붙여뒀어요. 그래서 다음번 실을 구입할 때 잊지 않고 살 수 있어서 도움이 됩니다. 이렇게 나만의 도구함이 있으면 관리 노하우도 생겨요.
미니 에코백에 끊어낸 실을 모아둡니다. 실 쓰레기통은 천 재질의 것을 이용하면 실을 버릴 때 딸려 올라오지 않아서 편리해요.
2단 막대보빈함의 위 칸은 사용 중인 실을 구분하는 데 이용하고 있어요. 사용 중인 실이 섞이지 않고 한눈에 보기 쉽게 구분되어 수놓을 때 편리합니다. 수놓을 때는 수에만 집중할 수 있게 환경을 만들어 놓는 편이에요.
아래 칸은 여분의 실을 보관하는 용도로 사용하고 있습니다. 자수실은 색상이 다양하고, 실을 감싸고 있는 라벨이 잘 빠지기 때문에 보관이 중요해요.

필요한 도구를 고르고 사용해 보며 손에 맞는 도구를 찾았을 때의 기쁨도 큽니다. 수를 놓는 것만큼이나 수를 놓기 위한 준비 작업부터 하나하나 알아가는 과정까지 수에 관한 모든 일이 즐겁습니다.

자수실 번호 메모

끊어낸 실을 모아두는 미니 에코백

2단 막대보빈함

나의 작업실 이야기

또한 저는 다양한 색감의 천에 수놓는 것을 즐깁니다. 같은 도안, 같은 색 실의 자수도 어떤 바탕색의 천을 만나느냐에 따라 느낌이 달라져요.
자수실의 색을 정한 다음 마지막으로 천의 색을 결정합니다. 자수의 색이 묻히는 바탕색은 피하고 자수의 색과 어우러지는 색감을 고릅니다.
수를 놓아보면 생각했던 것처럼 딱 맞아 떨어지지는 않아요. 화사한 봄꽃을 수놓았는데 바탕색 때문에 칙칙해 보인다거나 어느 부분은 바탕색과 너무 비슷해서 수가 드러나지 않는 경우도 있어요. 그러면 다른 원단에 다시 수를 놓아 봅니다. 먼저 수놓은 것과 비교해보면 바탕색에 따라 확실히 분위기나 느낌이 달라지는 것을 느끼게 돼요.

특히 제가 아끼는 물건의 자수 소품을 만들 때 더욱 즐겁게 수놓아지는 것 같아요.
제가 즐겨 사용하는 다구에 어울리는 차나무 꽃을 수놓아 개완 싸개와 찻잔 받침을 만들었어요. 혼자만의 티타임에는 주로 개완과 같은 간단한 다구를 이용합니다. 요즘은 뜨거운 보이차를 즐겨 마시다 보니 개완을 감싸 줄 수 있을 만한 것이 필요했어요. 가끔 이렇게 생활에 필요한 소품을 만들기도 합니다. 직접 수놓은 소품과 함께하면 티타임이 더욱 즐거워져요.

왼쪽 사진은 취미를 갖기 시작하면서 처음 만든 핀 쿠션입니다. 취미로 아이옷과 소품을 만들다 보니 여러 개의 시침핀과 바늘을 꽂아 둘 곳이 필요했어요. 예쁜 모양으로 만들어볼까 하다가 우선 단순하면서 실용적인 모양으로 만들어보았습니다.
본격적으로 자수를 시작하면서 비슷한 실로 그러데이션할 때 색이 구분되어지도록 바늘을 나란히 꽂아둘 수 있는 핀쿠션이 필요했어요. 그래서 철필통을 분리하여 폭을 좁고 길게 만들었습니다. 제 도구함에 쏙 들어갈 수 있는 크기로 말이죠.

여러분도 일상의 물건들을 직접 만들어 쓰는 즐거움을 누려보세요. 저처럼 좋아하는 것과 관련된 소품이나 필요한 것들부터 시작해보면 어떨까요? 좋아하는 것들에 더 특별한 이야기와 추억이 쌓이게 될 거예요.

자신만의 꽃을 수놓아보세요.
영원히 시들지 않는 꽃 한 송이를요.

하란의 보태니컬 세밀화 자수

1판 1쇄 인쇄 2020년 3월 11일 ● 1판 2쇄 발행 2021년 6월 10일

지은이 김은아 ● 펴낸이 김기옥 ● 실용본부장 박재성 ● 편집 실용2팀 이나리, 손혜인 ● 영업 김선주 ● 커뮤니케이션 플래너 서지운
지원 고광현, 김형식, 임민진 ● 사진 한정수(studio etc.) ● 디자인 나은민 ● **인쇄 · 제본** 민언프린텍
펴낸곳 한스미디어(한즈미디어(주)) ● 주소 121-839 서울시 마포구 양화로 11길 13(서교동, 강원빌딩 5층)
전화 02-707-0337 ● 팩스 02-707-0198 ● 홈페이지 www.hansmedia.com

이 책은 저작권법에 따라 보호받는 저작물이므로 무단 전재와 무단 복제를 금지하며, 책의 전부 또는 일부를 이용하려면
반드시 저작권자와 한스미디어㈜의 서면 동의를 받아야 합니다.

출판신고번호 제313-2003-227호 | 신고일자 2003년 6월 25일 | ISBN 979-11-6007-479-6 13630
책값은 뒤표지에 있습니다. 잘못 만들어진 책은 구입하신 서점에서 교환해드립니다.

기초 과정 최고의 교과서

한스미디어와 함께하는
수예 & 핸드메이드 라이프

코바늘 손뜨개

**쉽게 배우는
새로운 코바늘 손뜨개의 기초**
일본보그사 저 | 김현영 역
16,000원

**쉽게 배우는
새로운 코바늘 손뜨개의 기초[실전편 : 귀여운 니트 소품 77]**
일본보그사 저 | 이은정 역
15,000원

**쉽게 배우는
모티브 뜨기의 기초**
일본보그사 저 | 강수현 역
13,800원

**실을 끊지 않는
코바늘 연속 모티브 패턴집**
일본 보그사 저 | 강수현 역
16,500원

**쉽게 배우는
코바늘 손뜨개 무늬 123**
일본보그사 저 | 배혜영 역
15,000원

대바늘 손뜨개

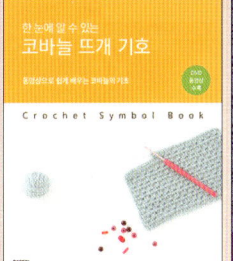

**한 눈에 알 수 있는
코바늘 뜨개 기호**
일본보그사 저 | 김현영 역
13,000원

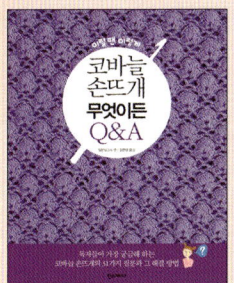

**이럴 땐 이렇게
코바늘 손뜨개
무엇이든 Q&A**
일본보그사 저 | 김현영 역
9,800원

**쉽게 배우는
새로운 대바늘
손뜨개의 기초**
일본보그사 저 | 김현영 역
16,000원

**그린도토리의
숲속 동물 손뜨개**
명주현 저 | 18,000원

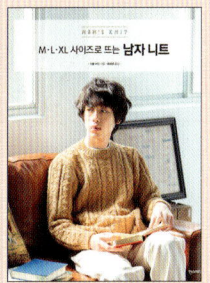

**M.L.XL 사이즈로 뜨는
남자 니트**
리틀 버드 저 | 배혜영 역
13,000원

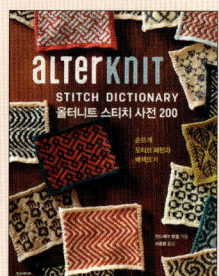
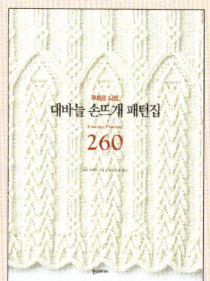

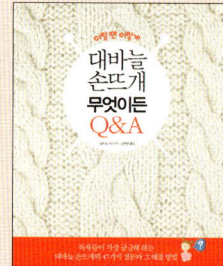

올터니트 스티치 사전 200
안드레아 랑겔 저 | 서효령 역
18,000원

쿠튀르 니트 대바늘 손뜨개 패턴집 260
시다 히토미 저 | 남궁가윤 역
18,000원

대바늘 비침무늬 패턴집 280
일본보그사 저 | 남궁가윤 역
20,000원

한 눈에 알 수 있는 대바늘 뜨개 기호
일본보그사 저 | 김현영 역
13,000원

이럴 땐 이렇게 대바늘 손뜨개 무엇이든 Q&A
일본보그사 저 | 김현영 역
9,800원

플라워&가드닝

꽃집에서 인기 있는 꽃 469종 꽃도감
몽소 플레르 감수 | 방현희 역
22,000원

플라워 컴 투 라이프
김신정 저 | 16,800원

마이 디어 플라워
주예슬 저 | 16,500원

플로렛 농장의 컷 플라워 가든
에린 벤자킨, 줄리 차이 저
정수진 역 | 미셸 M. 웨이트 사진
32,000원

처음 시작하는 구근식물가드닝
마쓰다 유키히로 저 | 방현희 역
20,000원

사계절을 즐기는 꽃꽂이
다니 마사코 저 | 방현희 역
18,000원

부케 샹페트르 아 라 메종
사이토 유미 저 | 방현희 역
20,000원

다육식물 디자인
TOKIIRO 저 | 고주희 역
13,000원

나의 첫 테라리움
클레아 크리건 저 | 이정민 역
18,000원

나의 첫 미니어처 정원
재닛 칼보 저 | 엄성수 역
19,800원